역사를 읽으면 통찰력을 얻는다
중국역사를 읽으면 중국으로 가는 길이 보인다

21일간의 이야기만화 역사기행

만리 중국사

COMIC VERSION OF CHINESE HISTORY 8, 9

Copyright ⓒ 中国美术出版社总社连环画出版社; 编绘: 孙家裕; 主笔: 孙轶彬
Korean translation copyright ⓒ 2013 by Korean Studies Information Co., Ltd.
Korean translation rights of 《COMIC VERSION OF CHINESE HISTORY》
arranged with LIANHUANHUA PUBLISHER directly.

21일간의 이야기만화 역사기행

만리 중국사

04권 춘추전국 3

초판인쇄 2014년 1월 15일
초판 2쇄 2019년 1월 11일

글·그림 쑨자위
글 쑨이빈
옮긴이 류방승
펴낸이 채종준
기획 권성용
편집 정지윤, 백혜림
디자인 박능원, 이효은
마케팅 송대호, 정경철, 이행은

펴낸곳 한국학술정보(주)
주소 경기도 파주시 문발동 파주출판문화정보산업단지 513-5
전화 031) 908-3181(대표)
팩스 031) 908-3189
홈페이지 http://ebook.kstudy.com
전자우편 출판사업부 publish@kstudy.com
등록 제일산-115호(2000. 6. 19)

ISBN 978-89-268-5420-4 14910
        978-89-268-5416-7 14910(set)

04권 춘추전국 3

대변혁의 시대, 새 판을 짜다

쑨자위 글 · 그림
쑨이빈 글

만리
중국사

21일간의 이야기만화 역사기행

이담 Books

중국은 세계 4대 문명 발상지 가운데 하나다. 중화 문명은 아득히 먼 옛날부터 수천 년 동안 전해져 내려오며 상고上古, 하夏, 상商, 주周, 춘추春秋, 전국戰國, 진秦, 서한西漢, 동한東漢, 삼국三國, 서진西晉, 동진東晉, 남북조南北朝, 수隋, 당唐, 오대십국五代十國, 송末, 요遼, 서하西夏, 금金, 원元, 명明. 청淸 등의 역사 시대를 거쳤다.

중화 문명은 세계에서 가장 오래된 문명이자 가장 오래 지속된 문명이기도 하다. 중화 문명과 어깨를 나란히 한 문명으로는 고대 바빌론 문명, 고대 그리스 문명, 고대 이집트 문명 등이 있다. 어떤 문명은 중국보다 먼저 발생하고, 또 범위도 훨씬 넓었지만 이들은 이민족의 침입 혹은 스스로의 부패로 인해 멸망하여 결국 기나긴 역사 속에서 연기처럼 사라져 버렸다. 중국만이 세계에서 유일하게 문명 대국을 자랑하며 유구한 역사를 이어 오고 있다.

수천 년 동안 중화 민족은 무엇에도 굴하지 않는 강인한 의지와 과감한 탐구 정신, 총명한 지혜로 웅장한 역사의 장을 엶과 동시에 눈부시게 찬란한 물질문명과 정신문명을 창조했다.

이 책의 편집 제작은 정사正史를 바탕으로 진실하고 객관적인 사실을 전달하는 데 주력했다. 또한 역사를 만화 형식으로 풀어 씀으로써 독자들이 아름답고 다채로우며 생동감 넘치는 장면을 느끼리라 기대한다. 독자 여러분들이 쉽고 재미있게 읽는 가운데 역사를 직접 느끼고 역사에 융화되어 깨닫는 바가 있기를 바란다.

지롄하이紀連海

중국 CCTV '백가강단百家講壇' 강사

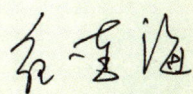

대변혁의 시대,
새판을 짜다

　주나라가 견융의 침입을 받아 낙읍으로 천도한 기원전 770년에서 기원전 403년까지의 시기를 춘추시대, 한韓·조趙·위魏가 진晉을 삼분한 기원전 403년부터 진秦이 중국을 통일한 기원전 221년까지를 전국시대라고 칭한다. 춘추전국시대는 중국 역사상 분열과 대결이 가장 치열하고 오래 지속된 시기이다.

　춘추시대 주나라 세력의 약화로 제齊 환공桓公, 송宋 양공襄公, 진晉 문공文公, 진秦 목공穆公, 초楚 장왕莊王이 차례로 패권을 차지했다. 이를 가리켜 '춘추오패春秋五霸'라고 부른다(일설에는 송 양공과 진 목공 대신 오왕吳王 합려闔閭와 월왕越王 구천勾踐을 넣는다).

　춘추시대 초기에 약 140개에 달하던 제후국은 360년간의 전쟁을 거치면서 전국시대 초기에 겨우 20여 개밖에 남지 않았다. 그중 세력이 막강했던 진秦·제齊·조趙·위魏·한韓·초楚·연燕의 7개 나라를 '전국칠웅戰國七雄'이라고 칭한다.

　춘추전국시대는 중국 역사의 대변혁 시기였다. 먼저 사회 생산력이 눈부시게 발전했다. 철기와 소갈이가 널리 보급되고, 천문학·의학·물리학 등 자연과학이 크게 발전하여 일부 과학기술 성과는 당시 최고 수준에 도달했다. 또한 예악禮樂이 붕괴되면서 주나라 통치 질서가 와해되고 제후들이 패권을 다투느라 전쟁이 끊임없이 벌어졌다.

　이런 분열 시기에 현실적인 개혁 요구에 부응하는 다양한 사상적 경향으로 등장한 제자백가諸子百家는 중국 문화와 사상의 골격을 형성했다. 제자백가는 인간 중심적인 사상을 지향하면서 현실 정치의 문제에 관심을 기울였고, 지식의 적극적인 공개와 교육을 통해 학파를 형성했으며, 평화주의적인 입장을 강조하기도 했다. 주요 학파로는 유가, 묵가, 도가, 법가가 있었다. 이로 인해 사상과 문화가 전에 없이 번영한 춘추전국시대는 중국 사상사의 황금기를 이룩했다.

　각국의 치열한 전투와 경쟁 속에서 상앙은 변법을 시행해 진나라의 부국강병을 신속하게 이루었다. 이를 계기로 후발주자인 진나라는 우위를 선점하고 잇달아 다른 제후국을 병탄하여 영정(진시황)이 마침내 통일 대업을 완수했다.

상고 上古		B.C. 약 800만~2000년
하 夏		B.C. 2070~1600년
상 商		B.C. 1600~1046년
주 周		B.C. 1046~771년
춘추 春秋		B.C. 770~403년
전국 戰國		B.C. 403~221년
진 秦		B.C. 221~206년
한 漢	**서한** 西漢	B.C. 206~A.D. 25년
	동한 東漢	25~220년
삼국 三國 위·촉·오		220~280년
양진 兩晉	**서진** 西晉	265~317년
	동진 東晉	317~420년
남북조 南北朝		420~581년
수 隋		581~618년
당 唐		618~907년
오대십국 五代十國		907~960년
송 宋	**북송** 北宋	960~1127년
	남송 南宋	1127~1279년
요 遼		907~1125년
서하 西夏		1038~1227년
금 金		1115~1234년
원 元		1271~1368년
명 明		1368~1644년
청 淸		1644~1911년

전국 戰國

- B.C. 453년 진晉나라가 한·조·위 세 나라로 분할
- B.C. 425~403년 위 문후가 진晉나라를 통치하고, 이회·오기 등을 등용하여 부국강병을 이룩함.
- B.C. 408년 위나라가 하서를 점하고 군 설치
- B.C. 403년 주 왕실이 정식으로 한·조·위를 제후국에 봉함, 전국시대 시작
- B.C. 396년 위 문후가 죽고 위 무후 즉위
- B.C. 385년 오기가 초나라의 변법 주도
- B.C. 375년 한나라가 정나라를 멸망시킴.
- B.C. 361년 위나라의 운하 건설
- B.C. 356년 상앙이 진秦나라에서 변법 시행
- B.C. 350년 진秦나라의 함양 천도
- B.C. 342년 제나라와 위나라 간의 마릉 전투
- B.C. 334년 제나라와 위나라가 서주에서 서로 왕이라 칭함.
- B.C. 328년 진秦나라가 장의를 재상으로 기용
- B.C. 312년 장의가 제·초의 동맹 파기
- B.C. 308년 감무가 의양을 함락시킴.
- B.C. 306년 조 무령왕의 호복기사 개혁, 초나라가 월나라를 멸함.
- B.C. 301년 제·위·한나라가 연합하여 초나라를 공격
- B.C. 293년 진秦나라와 한·위나라의 이궐 전투
- B.C. 287년 소진이 합종책을 건의하여 육국이 연합해 진秦나라에 대항
- B.C. 286년 제나라가 송나라를 멸함.
- B.C. 284년 연나라의 악의가 5개국 군대를 이끌고 제를 정벌함.

차례

전국 上

전국 下

전국 上

전국

上

戰國

인물 소개

한韓 강자康子
전국시대 진晉나라 한씨 가문
지도자로 조 양자, 위 환자와 함께
지백을 죽이고 진나라 땅을
삼분하여 소유했다.

위魏 환자桓子

조趙 양자襄子
이름은 조무휼趙毌恤로
전국시대의 조나라
창업자이다.

위魏 문후文侯
전국시대 위나라의 창시자.
최초로 변법變法을 시행,
정치 개혁에 앞장섰다.
또한 '경전*'을 장려하고
대대적인 수리水利 공사를
진행해 경제를 발전시켰다.

지백智伯
춘추시대 중기
진나라의 걸출한
정치가이자 외교가,
군사 전략가이다.

* **경전耕戰**
'농전農戰'이라고도 부르며, 평상시
에는 농사짓고 전시에는 모두 전
쟁에 동원하는 정책이다.

서문표西門豹
전국시대 위나라 사람.
뛰어난 정치가이자 군사 전략가로
수리 사업에서 큰 공을 세웠다.

묵자墨子
노나라 사람으로 전국시대의 유명한
사상가이자 교육가, 과학자, 군사 전략가,
사회활동가이다. 묵가墨家 학파를 창시
하고 『묵자』라는 저서를 남겼다.

장씨仉氏
맹자의 어머니로
자녀 교육의
선구자 격인
인물이다.

오기吳起
전국시대 초기의
탁월한 장수이자 군사
개혁가이다. 후대에
그와 손무를 묶어
'손오孫吳'라고 칭송했다.

맹자孟子
이름은 가軻로 전국시대 노나라
사람이다. 고대의 유명한
사상가이자 교육자로 유가의
대표적인 인물이다.

초楚 **도왕**悼王
전국시대 초나라
군주로 오기를
영윤令尹에 등용
하여 부국강병을
이끌었다.

방연龐涓
전국시대 위나라 사람
으로 위나라에서
대장을 역임했다.
동문인 손빈을 불구로
만들었다가 결국 손빈의
손에 죽임을 당했다.

손빈孫臏
전국시대의 군사 전략가.
방연과 여러 해 동안
동문 수학했지만
방연에게 참소를 당해
다리를 잘렸다.

상앙商鞅
위나라 사람으로 전국시대의 정치가,
사상가로 법가法家의 대표적인 인물이다.
인재를 구하던 진秦 효공孝公을 설득하여
변법을 시행하고 부국강병을 이룩했다.

시대별지도 - 전국戰國

흉노匈奴

동호東胡

연燕

조趙

제齊

진秦

위衛

낙읍洛邑

주周 ⊙

한韓

초楚

셋으로 나뉜 진나라

춘추 말기에 진나라 군주의 세력이 점점 약화되자 지·조·한·위 네 가문이 실권을 장악했다. 그 중 지씨의 권력이 가장 막강해 항상 나머지 세 가문을 괴롭혔다.

한강자

날도둑 같은 놈! 아예 다 뺏어 가라!

탁!

지백이 뭐랍니까?

단규

진나라 국력을 키운다고 우리 세 가문에게 각각 땅 1백 리씩 내놓으라는군.

15

지백이 한·조·위
세 가문을 서서히
집어삼킬
요량이군요.

꿈도 크군.
누가 준대?

못 줘!

안 줘!

노여움을
푸십시오.

조 양자는 성격이
불같아서 거부할 게
분명하니 먼저 둘의
싸움을 지켜보시죠.

우리가 땅을
떼어 주지 않으면
지백은 분명 우릴
공격할 것입니다.

으흠……

씨익—

그렇게
해야겠군.

극비, 일은 진전이 있느냐?

지백

극비

한 강자와 위 환자는 땅을 바쳤습니다.

옳지!

야금야금 먹어치우는 거야. 크하하!

헌데 조 양자가 한사코 거부하고 있습니다.

조 양자는 성깔이 있어서 내 그럴 줄 알았다.

그를 없앨 좋은 구실이 생겼구나!

지백은 위·한의 군대까지 이끌고 조씨의 본거지인 진양으로 쳐들어 갔다.

조양자

장맹담

세 가문의 군대가 몰려옵니다.

조상이 물려주신 땅을 목숨 걸고 지키겠다!

진양은 성이 견고하여 백성이 한마음으로 뭉쳐 죽기를 각오하면 지켜 낼 수 있다.

물자도 충족하여 포위가 생각만큼 쉽진 않을 것이다.

지백은 여러 차례 성을 공격했지만 아무런 성과도 거두지 못했다.

해가 바뀌었는데 진양성은 난공불락*이니 답답해 죽겠구나!

강물이 불어나는 시기라 아군의 식량 공급이 원활하지 않을 겁니다.

강물이 불어?

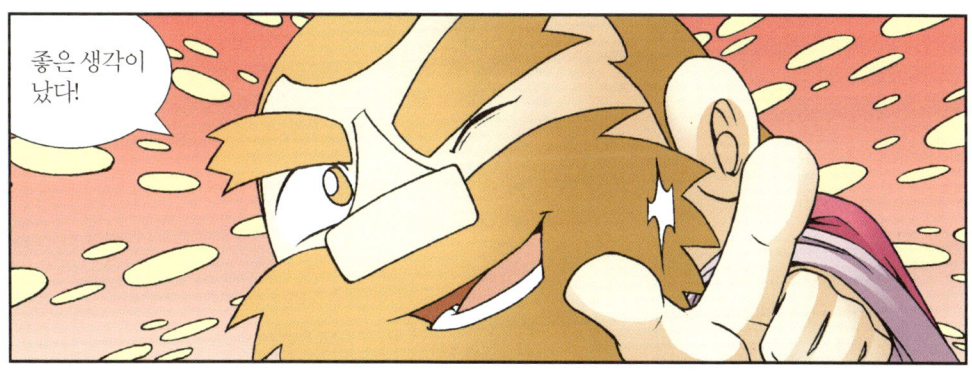

좋은 생각이 났다!

좀 더 서둘러라. 강물이 불어나기 전에 끝내야 한다!

* 난공불락難攻不落
공격하기 어려워 좀처럼 함락되지 않는다는 뜻.

19

지백은 커다란 저수지를 파 진수의 물을 모은 다음 강물이 불어날 때 일시에 진양성으로 흘려 보낼 계책을 세웠다.

비가 온다.

배수로는 다 팠습니다.

한 강자와 위 환자를 불러와라.

여러분에게 물의 위력을 보여 주겠소!

무슨 속셈이지?

수문을
열어라!

콸콸!

진양성을
수몰시켜라!
하하!

당신들도 시대의
흐름을 파악하지
못했다면 이 꼴이
났을 것이오!

끙…

Help me!

Help me!

백성들이 지붕에서
밥을 먹고. 이러다간
곧 물에 잠기겠어.

한, 위 두 가문은 부득이해 지백을 따를 뿐 마음속엔 원한이 가득할 겁니다.

신이 그들을 만나 얘기해 보겠습니다.

자네만 믿겠네.

땅을 뺏기고 조 양자 공격을 돕는 것도 모자라 비웃음까지 당하다니.

지백의 득의 양양한 꼴을 보라고!

우리 국경 안에도 큰 강이 흘러서 나라가 수몰 될지도 몰라!

생각할수록 화가 나!

두 분은 왜 술로 근심을 달래고 계십니까?

너…너는 누구냐?

저는 조 양자의 가신 장맹담 입니다.

조…

…양자?

저희 주공께서 끝장난다면 다음은 두 분 중 누구 차례일까요?

이리로 와서 허심탄회하게 얘기해 봅시다.

지백이 우리를 하나씩 없애기 전에 힘을 합쳐 그를 무찌릅시다!

자넨 어떻게 생각하나?

나야 찬성이지.

이들이 곧바로 지백이 만든 저수지를 점령하고 둑을 무너뜨리자, 어마어마한 물줄기가 지백의 영채를 덮쳤다.

쏴ー

강물이 군영을 덮친다!

사람 살려!

한·조·위는 지백을 멸한 지 얼마 지나지 않아 진나라를 삼분하고 주 천자의 승낙까지 얻어냈다. 학계에 서는 이를 춘추와 전국시대의 분기 점으로 보고 있다.

위 문후,
부국강병에
힘을 쏟다

밥 안 하고 뭐하시오?

집에 쌀이 떨어졌어요.

아빠!

엄마, 배고파. 밥 줘!

엄마랑 나물 캐러 가자.

거짓말! 아까 분명히 밥 했잖아!

그건 힘들게 일하고 오신 아빠가 드실 거란다.

애야, 동생이랑 가서 밥 먹으렴.

안 돼요! 내일 또 노역하러 나가시려면……

휴우……

어찌 탄식 이십니까?

백성들이 너무 고생이야. 밥도 배불리 못 먹고 노역을 하니……

위 문 후

적 황

그럼 주공께서 나라를 부흥 시키십시오.

그래, 백성들이 배불리 먹고 따뜻하게 입도록 하겠어!

28

위 문후는 부국강병의 기치를 내걸고 신하들에게 건의를 올리라고 명했다.

이 상소문은 정말 훌륭하구나.

이회*라는 자가 썼는데 보기 드문 인재입니다.

그를 승상에 임명해 농업을 대대적으로 개혁하라.

이회, 왜 날 밭으로 데리고 온 거요?

이회

* 이회李悝
  전국시대 위나라 사람으로 법가의 대표적인 인물. 위 문후 때 재상을 지냄.

이 밭을 계획적으로 경작하면 적어도 3말은 더 수확할 수 있습니다.

그렇게나 많이요?

대~박!

그럼 전국적으로 180만 석이나 증산할 수 있잖소!

맞습니다. 게다가 다품종 경작도 가능합니다.

오이, 뽕나무, 베 등을 각각 최적의 땅에 심으면 많은 결실을 맺을 수 있습니다.

좋소. 당장 시행합시다!

예!

이회가 제안한 농경 개혁 방안으로 위나라는 3년 만에 식량이 풍족해졌다.

이보게, 뭐하는 건가?

올해 풍년이 들어 남은 식량을 팔려고요.

지금은 풍년이라 괜찮지만 흉년이 들면 어떡하지?

식량 삽니다!

엇!

거기 쌓인 식량은 모두 팔았나?

이건 지금 팔 게 아닙니다.

32

자하子夏는 공자의 후기 제자 중 걸출한 인물이었다. 공자가 세상을 떠난 후 위나라에서 학생들을 가르치며 전자방, 단간목, 오기 같은 훌륭한 인재를 배출했다.

하루는 유학을 숭상하는 위 문후가 자하의 거처를 방문했다.

선생님, 임금이 찾아 왔습니다.

위나라 군주가?

자하가 임금을 뵙습니다.

스승님, 저를 제자로 받아 주십시오.

넙죽

이러시면 제가 황송 합니다.

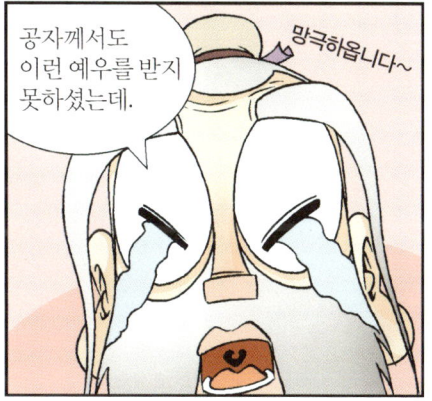

공자께서도 이런 예우를 받지 못하셨는데.

망극하옵니다~

33

저와 함께 궁으로 가 치국의 도를 가르쳐 주십시오.

대왕의 성의를 어찌 감히 거절 하겠습니까?

얘야, 꼭 서하로 가야만 되겠니?

자하께서 서하에서 학문을 가르치신다 하니 가서 열심히 공부할게요.

저 아이가 자하 밑에서 공부하면 틀림없이 출세 할 것이오.

나라가 부유해 졌으니 이제 군사력을 강화하고 싶소만…

군사 방면이라면 오기만 한 자가 없죠.

34

들자니 그자는 탐욕스럽고 여색을 밝힌다던데.

그의 장점만 쓰면 되지 않겠습니까?

그럴까 그럼?

아빠, 엄마, 저 군대 가요!

군대 생활은 무척 힘들고, 또 언제 죽을지도 모른단다.

이렇게 튼튼 하니 걱정 마세요.

또 새 정책에 따르면 군인이 있는 집은 요역을 면제해 준대요.

잘됐구나.

오기 장군을 따라서 적을 무찌르고 큰 공을 세울 거예요!

35

진秦나라와의 결전이 임박했구나.

염려 놓으십시오.

오기가 훈련시킨 정예병이라면 진나라 군대를 물리치고도 남습니다.

제와 초나라 군대가 동쪽에서 쳐들어옵니다!

이는 진 간공이 궁지에 몰려 구원병을 요청한 것이다.

오기에게 공격의 고삐를 늦추지 말라고 전해라!

예!

36

오기는 진나라 국경을 공격하여 성 다섯 개를 뺏는 전공을 세웠다.

오기가 진나라 군대를 격파했습니다.

하하, 드디어 부국강병을 이루었구나!

이 기회에 낙수에 장성을 쌓는 건 어떨까요?

장성은 뭐하려고?

진나라와 중원 간의 교통로를 차단하여 우리가 이득을 취하는 겁니다.

좋은 생각이다!

진나라는 약화 시키고 위나라는 더욱 부강해질 수 있어!

으하하!

군주께서 제 재능을 알아 보시고 사관에 임명했어요.

우리 아들이 출세했구나.

저도 위나라 장군이 됐어요.

아들놈이 출세해서 우리 집안이 떵떵거리며 살 수 있게 됐구나.

위 문후의 변법은 전국시대 변법 운동의 서막을 열었다. 이는 중국 고대에 규모가 가장 크고 최장기간이었으며 효과가 가장 탁월한 변법 운동이었다.

서문표,
업 땅을 다스리다

업鄴 땅은 전국시대에 가난하기로 유명한 지방이었다. 이에 위 문후는 업 땅을 발전시키기 위해 명신 서문표를 파견했다.

마을 장로님들께 저 서문표가 인사 올립니다.

업은 평원이 광활하고 강에서 물을 끌어올 수 있는데 왜 이렇게 가난한 겁니까?

휴… 모두 하백 때문이지요.

맞습니다.

하백?

하백은 이곳 물의 신입니다. 무당이 매년 하백에게 여자를 바쳐야 강이 범람하지 않는다고 합니다.

그래서 여자가 있는 집은 모두 도망갔어요.

결국 갈 데 없는 가난한 사람들만 이곳에 살고 있죠.

그런 일이 ……

다음에 하백이 새 신부를 맞이 할 때 저도 꼭 불러 주세요.

그러합죠!

빠라빰~

채앵챙~

흑흑……

왜 멈췄지? 하백에게 갈 때가 된 건가?

신부는 나오거라!

태수님 이시다.

태수 어른을 뵙습니다.

네가 하백의 신부냐?

예, 그렇습니다.

무당은 어디 있느냐?

호호, 절 찾으셨나요?

41

네가 도술을 부려 하백과 소통한다던데.

맞습니다. 하백의 뜻이 저를 통해 전달됩니다.

이렇게 못생긴 여자를 하백의 신부로 맞는 건 예가 아니다!

예쁜데요?!

하백에게 이 신부를 원하는지 물어 보고

하백이 싫다면 다른 예쁜 여자를 보내 주겠다.

끄응…

대인……

그건 좀 곤란합니다. 저도 하백과 수시로 소통하는 건 아니어서요.

그러냐?

그럼 하백에게 직접 물어보면 되겠군.

여봐라,
저 무당을
하백에게
보내라!

으……

꼴 좋다.

아…
안 돼!

풍덩!

사람 살려!

어푸푸

하백의 사신
이라면서 하백을
만나러 가는데
왜 이리 놀라나?

무당이 저리
겁이 많아서야.
쯧쯧

잠잠

한참이 지났는데도 안 나오니 제자들을 보내 물어 보자.

살려 주십시오!

악!

풍덩!

휙~

꼴륵

대체 무슨 생각이실까?

또 안 나오네. 제자들을 더 보내라!

잘못 했습니다!

아, 이제야 이유를 알겠다. 무당이 모두 여자여서 상황을 제대로 설명하지 못하는구나.

그럼 장로와 아전이 들어가 보시오!

허걱!

제발
목숨만 살려
주십시오!

엉~ 엉~

흥!

다신 백성들을
괴롭히지
않겠습니다!

훌쩍

이번 한 번만
용서해 주겠소!

악습을 일소한 서문표는
논에 강물을 대기 위해 수
로를 파기 시작했다.

웅샤!

백성들이 일이
고되다고 불평이
심합니다.

가만히 앉아서
남이 해 준 걸
얻으려만 하기
때문이오.

하지만 치수에
성공하면 나에게
감사할 것이오.

46

하지만 일이 진척이 없자 위 문후는 서문표를 도성으로 소환했다.

업 땅을 다스린 지 벌써 1년이나 지났다.

처음 하는 일이라 미숙해서 그러니 한 번만 더 기회를 주십시오.

그런데 실적이 없다고 주위에서는 그대를 쫓아내라고 난리다.

겨우 1년인걸. 치수 작업이라고!!!

만약 치수에 성공하지 못하면 어떤 처벌도 달게 받겠습니다!

저런 자세라면······

좋다. 1년 더 시간을 주겠다.

감사 합니다!

한 달밖에 안 지났는데 세금을 또 거둔다고요?

내가 사람을 잘못 봤나?

대인은 도읍에서 돌아온 뒤로 사람이 변했습니다. 전임 태수보다 수탈이 훨씬 심합니다.

많은 재물을 거둬들인 건 사실이지만 내가 개인적으로 다른 곳에 쓰는 걸 보셨소?

그런 일은……

절~대 없었습니다.

48

사람은 부득이하게 본뜻과 위배된 일을 해야 할 때가 있소.

내 꼭 1년 안에 업 땅의 백성을 부자로 만들겠다고 약속하리다!

콸콸~

1년 만에 과업을 완수했다고 주위에서 칭찬이 자자하다!

음~

오호!

하지만 업 땅 백성은 저를 증오하고 있는걸요.

엥?!!

주공의 측근들 환심을 사느라 백성의 재물을 수탈했기 때문이죠.

자네가 수탈을?

49

주공이 소인배에게
가려 있으면 충신들이
주공에게 충성을
다할 수 없습니다.

저는 업 땅의
백성을 수탈한
죄로 사직을
청하겠습니다!

그건 안 될
말이다!

과인이
잘못을 고칠 테니
업 땅을 잘 다스려
주길 바라네.

우리 주공
말도 잘
들으시네.

서문표는 업 땅을 수년간 다스리
며 백성들의 큰 사랑을 받았다.
이후 사람들은 사당을 지어 그에
게 제사를 지내고 있다.

묵자가 송나라를 구하다

기원전 440년경, 초나라는 송나라를 공격하기 위해 유명한 목수 공수반公輸班에게 운제* 등의 병기를 제작하도록 했다. 고향에서 제자들을 가르치던 묵자는 이 소식을 듣고 초조해졌다.

송나라를 구할 방법을 찾아야 된다!

금활리, 제자 3백 명을 데리고 송나라로 가서 수비를 도와라!

옙!

스승님은 안 가십니까?

난 초나라를 설득해 보겠다.

* 운제雲梯
옛날에 성을 공격할 때 쓰던 긴 사다리.

51

초나라 영도

열흘 밤낮을 꼬박 걸어서 도착했구나.

휴우~

먼저 공수반을 찾아가자.

저벅 저벅

선생은 병기에 정통하니 제가 만든 운제를 평가해 주세요.

짜잔!

한 가지 부탁이 있소만, 북방에 제가 원한을 가진 사람이 있는데 선생이 좀 죽여 주시겠습니까?

농담이 지나치시오!

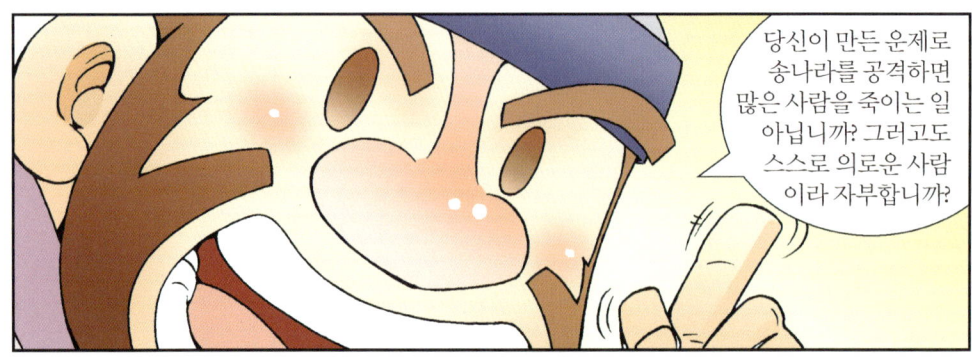

당신이 만든 운제로 송나라를 공격하면 많은 사람을 죽이는 일 아닙니까? 그러고도 스스로 의로운 사람이라 자부합니까?

초나라는 땅은 넓은데 인구가 적어 영토 확장이 꼭 필요하지 않습니다. 또 아무 잘못 없는 송나라 공격은 불의한 일입니다.

이 이치를 알면서도 초왕을 설득하지 않는다면 충성스럽지 않은 것입니다.

선생 말이 맞소. 선생을 초왕에게 데려다 주리다.

대왕, 묵적이라 하옵니다.

이 분이 대왕을 뵙고자 합니다.

자신의 화려한 마차가 있는데 남의 헌 수레를 훔치려 하고, 비단옷을 입고 남의 해진 옷을 훔치려 하며,

쌀밥과 고기를 먹으면서 남의 쌀겨를 훔치려는 자는 어떤 사람입니까?

절도광이 분명해!

맞지? 맞지?

대왕이 바로 이 절도광과 같습니다.

뭐… 뭣이라!

초나라 땅은 사방 5천 리이고, 송나라는 겨우 5백 리이니 화려한 마차와 헌 수레에 비유할 수 있습니다.

초나라에는 큰 나무가 많은데 송나라에는 없으니 비단옷과 해진 옷에 비유할 수 있습니다.

초나라는 물자가 풍부한데 송나라는 빈약합니다.

이는 쌀밥과 쌀겨에 비유할 수 있습니다.

알쏭

달쏭

선생의 말을 듣고 보니 일리가 있구먼.

그의 말에 현혹되지 마십시오.

송나라를 공격하면 도의를 잃어 반드시 패하고 말 것입니다.

하지만 운제도 완성됐으니 난 송나라를 공격할 생각이오.

공수반이 만든 공성 병기는 천하무적이 아닙니다.

푸하하!

56

못 믿겠다면 제가 이 자리에서 그와 공수의 진법을 모의로 펼쳐 깨뜨려 보겠습니다.

내 평생의 걸작을 무시하다니!

좋소. 두 분이 대결을 펼쳐 보시오.

네!

허리띠로 성벽을 삼고 나무조각으로 무기를 삼읍시다!

Ok?

시작합시다!

Yes!

어떻게 돼가는 거지?

공수반이 아홉 번 공격했지만 제가 모~두 막아냈습니다.

으!

이렇게 일방적으로… 힝~

선생의 공성 무기는 모두 다 썼지만 내 수성 무기는 아직 남았소.

흥!

내게 최후의 공격 방법이 있지만 이 자리에서 말하지는 않겠소!

? ?

어떤 방법이오?

나 역시 어떻게 공격해 올지 알고 있지만 말하지 않겠소.

흠…

대체 무슨 수작들이오?

왜 나만 몰라!

어찌 그걸? 독심술이라도 하나?

공수반은 저를 죽이면 송나라를 공격할 수 있다고 생각합니다.

하지만 제 제자인 금활리가 제가 만든 무기를 가지고 성을 지키고 있습니다.

그는 이미 송나라 군민과 만반의 준비를 갖추고 있습니다.

빈틈이 없다.

따라서 저를 죽인다 해도 송나라를 이길 수는 없습니다.

……

좋소. 송나라를 공격하지 않으리라.

대왕……

정말
현명하신
판단입니다!

평화롭게
해결됐어!

송나라

갑자기 웬
큰비람?

어이~쿠

빨리 성문
안으로 피하자.

뭐하는
놈이냐?

이크,
눈도 밝네.

저는 묵자입니다. 노나라로 돌아가는 길인데 잠시 비를 피할 수 있을까요?

지금은 경계가 삼엄하니 그냥 돌아가시오.

아
……

묵자라…… 어디서 들어본 이름인데.

갸우~뚱

묵자가 초나라의 공격을 막아내고 노나라로 돌아가던 중 송나라를 지나다가 큰비를 만났다. 비를 피하려다가 경비병에게 쫓겨난 데서 알 수 있듯 그는 송나라 사람이 아니었다. 그런데도 그가 송나라를 구한 것은 평화주의자인 자신의 신념을 실천한 것으로 볼 수 있다.

비가 그치는군.

누구였더라?
……

62

자식을 위해 세 번 이사하다

중국의 유명한 사상가이자 교육가인 맹자는 산동성 추 땅에서 태어났다. 세 살 때 아버지를 잃어 어머니가 그를 길렀는데……

빨리 구덩이를 파자.

낑~

낑~

이 나뭇가지가 사람이야.

사람?

이렇게 묻고 슬프게 곡을 하는 거지.

아하!

아빠, 엉엉……
아빠!

대 성 통 곡

아빠!

맹가야!

엄마!

맹가 엄만
무서웡!

묘지에서
사람들이 이렇게
곡하던걸요.

저어기

집에 가자.

64

맹모는 아들이 곡 하는 모습을 보고 걱정에 빠졌다.

아이는 판단력이 흐려서 본 대로 배우는 것 같아. 아무래도 묘지 곁을 떠나야겠어.

맹가 어머니, 다시 돌아 왔군요.

예, 애가 시골에서 이상한 걸 배워서요.

애가 똑똑해서 아주 그냥.

방금 전까지는 여기서 고기 파는 걸 배웠는걸요.

네?!

65

맹가야!

손님, 이쪽으로 오세요~ 오세요~

오잉? 귀에 익은 목소리가……

맛난 술과 요리를 푸짐하게 내오겠습니다.

……

부글부글

맹가야!

앗!

맹가 아부지, 미안해요!

엄마, 제가 뭘 잘못 했어요?

얘야, 이 어미 맘을 정말 모르겠니?

……

맹가 어머니, 이번에는 어디로 이사 가나요?

노나라요.

그렇게 멀리요?

하하, 그렇구나!

거긴 학교가 있어서 저한테 도움이 될 거래요.

학교 근처로 이사 오자 맹가는 학문에 관심을 보이기 시작했다.

구룩구룩 물수리는 냇가에서 노닐고······

빼꼼

구룩구룩
물수리는 냇가에서
노닐고……

학교에
들어가
볼래?

예!

맹가에겐
이런 곳이
필요했어.

이사한
보람이
있구나!

드르륵

드륵

엄마,
저 왔어요.

왜 이렇게
일찍 왔니?

읽고 외우기만
해서 너무
따분해요.

이 베를
자세히
보거라.

뭐하시
려고요?

싹둑

싹둑

엄마가 힘들게 짠
베를 아깝게 왜
자르세요?

70

얘야, 베 한 필을 만들려면 실이 한 올 한 올 모여야 가능하단다.

베까지 잘랐는데 이번엔 알아듣겠지......

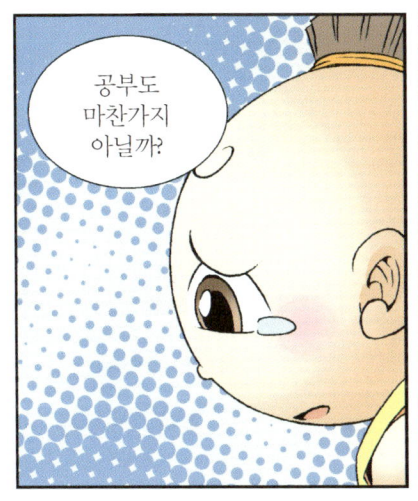

공부도 마찬가지 아닐까?

학업 역시 하나 하나씩 축적돼야 발전할 수 있단다.

도중에 그만 두면 아무것도 이루지 못해.

학업을 중도에 그만두는 건 잘린 베와 같다는 말씀이죠?

맞아.

생계를 위해 어미도 매일 놀지 않고 베를 짜잖니?

엄마, 이제 깨달았어요.

잘린 베는 엄마가 가지세요.

그래.

학교 갈게요!

책가방은?

맹자는 각고의 노력으로 공부한 끝에 위대한 유학자가 되었다. 후대에 그는 '아성*'이라고 추앙받았고, 공자와 함께 '공맹'이라고 불렸다.

* 아성亞聖
  공자라는 성인에 버금가는 사람이라는 뜻.

맹자의 명성이 높아지자 위나라 군주가 대량으로 그를 초빙했다.

선생이 천리를 마다않고 위나라에 오셨으니 과인에게 이익이 있겠죠?

하필 이익을 말씀하십니까? 저는 인의만 알 뿐입니다.

엥? 인의 말고 이익 달라고.

대왕이 이익을 말하면 대부도 백성도 모두 이익을 말합니다.

이익만 밝히다 보면 신하가 임금을 죽이는 일이 발생합니다.

뭐래?

선생이 가르치는 인의가 정말 쓸모가 있습니까?

위나라는 막강한 진나라를 계승했는데 왜 제후들에게 도리어 괴롭힘을 당하고 있습니까?

주 문왕이 백리도 안 되는 땅으로 천하의 주인이 된 것은 바로 인의 때문입니다.

하긴.

형벌과 세금을 감해 주고 백성이 맘 놓고 농사짓게 하며 충효와 신의를 제창하십시오.

그러면 천하의 백성이 대왕에게 달려올 것입니다.

과연 명성대로!

이것이 바로 '인자무적*' 입니다!

맹자 왈~

선생의 깨우침에 감사드립니다.

맹자가 여러 나라를 다니며 인의의 정치를 베풀도록 설파했지만 제후들은 그의 말을 받아들이지 않았다.

* 인자무적仁者無敵
「맹자」에 나오는 말로 어진 사람은 널리 사람을 사랑하므로 대적할 사람이 없다는 뜻이다.

병사의 고름을 빨아준 오기

오기는 집안이 부유하여 젊어서 부모님 돈으로 유학을 떠났다. 그러나 돈만 다 써버리고 아무런 명성도 얻지 못하자 하는 수 없이 고향으로 돌아왔다.

오기 아냐?
그런데 행색이 왜 이렇게 초라해졌어?

집안의 돈을 다 까먹었잖아.

집에 가게 비켜라.

건방진 놈!

너 때문에 네 어머니는 옷이나 꿰매면서 사신다고.

어머니가 혈압 올라서 쓰러지시는 거 아냐?

상대할 시간 없으니 꺼지라고!

스윽

배짱 있으면 찔러 봐, 이 겁쟁이야!

으악!

오기가 사람을 죽였다!

먼저 시비를 걸어서 어쩔 수 없었다고.

감히 우리 친구를 죽여?

가만두지 않겠다!

오지 마라!

죽여라!

이얍!

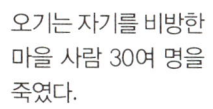

오기는 자기를 비방한 마을 사람 30여 명을 죽였다.

헉헉······

얼른 여길 뜨자. 가기 전에 어머니를 뵙고 가야겠어.

얘야, 온몸이 왜 피··· 피투성이냐?!

제가 사람을 죽여 관병이 곧 들이닥칠 거예요.

뭐···뭐?

오기는 고향을 떠나 노나라를 전전하다가 제나라 여자를 만나 혼인하고 증삼 문하에서 수학했다.

영명한 군주가 가장 중시하는 덕행은 바로 효다.

오기, 어머니가 돌아가셨대. 빨리 집에 가 봐.

도의를 행하고 천하에 이름을 떨쳐 가문을 빛내는 것이 가장 큰 효라고 가르치셨습니다. 저는 아직 공을 세우지 못해 집에 갈 수 없습니다.

방금 못 들었느냐?

부모 발상도 하지 않는 놈이 무슨 효를 논하느냐! 당장 나가라.

79

웅성
웅성

다들
뭘 구경하고
있지?

휴, 제나라가 또
쳐들어와서 장군을
뽑는구먼.

내 뜻을 펼칠
좋은 기회다!

노나라 도성

네 능력은 인정
하지만 아내가 제나라
사람이라 믿지
못하겠다.

제나라 군대가 성 아래까지 쳐들어와서 오기 같은 인재가 절대 필요합니다.

그럼 그를 보내라. 과인은 보고 싶지 않다.

예!

제나라 군대는 달아나지 마라!

오기, 큰 공을 세웠구려.

얜 무서워......

노나라는 소국이니 자네는 큰물에 가서 놀게나.

공신을 이런 식으로 대합니까?

자네 재능 이라면 다른 나라에서 크게 성공할 걸세.

그럼 이만!

노나라 군주가 오기의 명성으로 인해 다른 나라의 표적이 될까 우려해 오기를 내치자 오기는 위나라로 향했다.

위 문후가 현명한 군주라던데 그에게 몸을 의탁하자.

위나라

대 환 영!

노나라에서 큰 공을 세웠단 얘길 들었소.

일개 평민에게 너무 과분한 대접이십니다.

천하의 기재에게 당연한 것 아니오?

위나라 군대를 최고의 정예 부대로 만들어 주시오.

진나라가 서하를 자주 침범한다고 하니 먼저 그곳을 지키겠습니다.

잘 알겠지만 우리는 서하에서 연전연패를 당하고 있는 중이라오.

신이 서하를 지키지 못한다면 주군을 모실 자격이 없습니다.

맘이 놓이는구려.

아함~

시무룩

추욱

군사들의 사기가 높지 않아.

밥이다!

나도 같이 먹겠네.

장군님이 드시기엔 밥이 거칩니다.

84

오기는 군사들과 밥을 같이 먹고 수고로움을 함께 나누며 그들의 마음을 사려고 노력했다.

하하하

그 이후로 불량배들이 다시는 못 덤볐지.

우와!

장군님처럼 무예가 뛰어났으면 좋겠어요.

내가 한 수 가르쳐 주지.

진나라 성 다섯 개를 빼앗은 공으로 큰 상을 내리고 특별히 가족 면회를 허락한다!

장군님 만세!

아드님 만나러 얼른 가시죠.

오 장군님 덕택에 아들도 만나는구려.

아……

어머니!

앙~

아이고, 내 팔자야!

장군님이 직접 아드님 다리의 고름을 빨아주는데 왜 한탄이세요?

오 장군이 내 남편의 상처를 빨아줘 남편이 목숨을 걸고 싸우다 죽었다오.

지금은 내 아들의 고름을 빨아주니 아들놈도 목숨을 내놓고 싸울 것 아니오.

앗! 그런 기막힌 사연이…

오기가 서하를 지키는 기간 동안 넓은 영토를 점령하자 위나라는 단숨에 중원의 패자로 군림했다.

오기를 등용해 옛 제도를 개혁한 초 도왕

위 문후가 죽고 위 무후武侯가 즉위했다. 재상 공숙좌는 오기의 공로를 질투해 앞장서서 그를 배척했다.

오기가 선군 때 공로가 크다 하여 거만하기 짝이 없습니다.

과인도 오기가 공로를 믿고 우쭐대는 모습이 눈꼴시었소.

위나라는 소국인데다 강국인 진나라와 인접하고 있습니다.

오기를 위나라에 오래 머물게 해서는 안 됩니다.

좋은 방법이 있소?

공주 한 분을 오기에게 시집 보내십시오. 그가 받아들이면 위나라에 머물겠다는 뜻이죠.

거절하면 딴마음을 품은 게 분명합니다.

괜찮은 방법이군.

공숙좌는 오기를 집으로 초대해 공주의 괴팍한 성격을 보여주기로 계략을 꾸몄다.

오기 대인께서 누추한 집에 왕림해 주시니 영광입니다.

무슨 그런 말씀을.

드시죠!

듭시다!

공주님?

찌릿!

오늘 또 과음 했다가는 밖에서 주무실 줄 아쇼!

버럭!

부인, 오기 대인도 앞에 계신데… 내 체면이……

흥! 오기 대인을 봐서 이 정도로 끝낼 테니 내 말 명심하세요.

히휴— 내가 출신이 미천해서 이런 대접을 받으며 산답니다.

나라에 큰 공을 세웠으니 공주를 아내로 맞이하는 게 어떻소?

공주요?!!

아…아닙니다! 저는 출신이 미천해 공주와 어울리지 않습니다.

절레

절레

거절하는 걸 보니 위나라를 떠날 심산이군.

난폭한 공주를 데리고 제2의 공숙좌로 살 수는 없어.

쟨 탈락!

90

그 일로 무후가 날 의심하기 시작했어. 더는 위나라에 머물기 어렵겠군.

강국인 진나라는 나에게 여러 번 패해 날 원수로 여기고 받아주지 않을 거야.

그럼 초나라로 가자!

위나라에서 세운 업적은 익히 들었소. 기재가 날 찾아 오셨구려.

과찬 이십니다.

초나라는 대국이라는 명성만 있을 뿐 백성은 가난하고 전쟁만 치르면 패합니다.

이를 타개할 좋은 방법이 없겠소?

초나라의 문제는 무능한 자들이 고위직을 차지하고 재능 있는 사람을 억누른다는 데 있습니다.

그렇게 말하는 이유가 뭐요?

초나라의 작위는 세습제입니다. 선조가 공을 세우면 자손 대대로 이어지죠.

그래서 나중에 공을 세운 사람은 작위를 받지 못해 적극성이 결여되는 것입니다.

대왕은 옛 귀족 세력의 방대한 지출을 통제하고 나라를 위해 일하려는 사람들을 격려하십시오.

구구절절 옳은 말이오!

선생은 영윤* 자리에 올라 초나라의 개혁을 이끄시오!

감사합니다, 대왕!

＊ 영윤令尹
초나라의 최고 관직으로 재상에 해당함.

영윤에 오른 오기는 당장 정치 개혁에 착수했다.

이제 작위는 3대까지만 세습되오.

3대 이후의 자손은 새로운 공을 세워야 작위를 받을 수 있소.

그게 무슨 소리요?

태연 의연

이 계산대로라면 내 아들은 작위가 없잖아.

결단코 반대요!

굴러 들어온 돌이 왜 남의 나라 일에 참견이냐!

대답해!

일개 평민 주제에 너무 설치는구나!

모두 대왕의 뜻이라면 어쩔 것이오?

이 ―

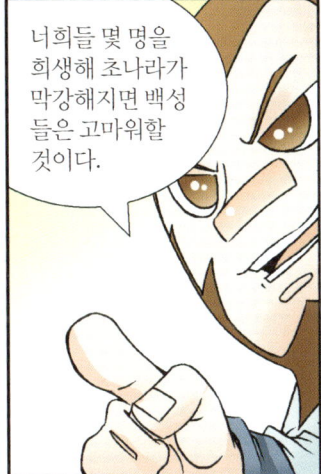

너희들 몇 명을 희생해 초나라가 막강해지면 백성들은 고마워할 것이다.

93

정치를 개혁하고 군대를 조련한 오기는 곧장 위나라로 쳐들어갔다.

공숙좌, 네가 날 음해한 사실을 모를 줄 알았느냐?

선군께서 널 후대했는데 왜 모질게 위나라를 공격하느냐?

지금은 너와 회포를 풀 시간이 없다. 초나라가 중원으로 진출하려면 위나라를 반드시 손봐야 하니까.

돌격하라!

오기의 병사들은 목숨을 걸고 싸우는 자들입니다.

전쟁터에서 스스로 사기를 꺾는 소리 하지 마라!

진격하라!

와!!!

초나라 군대가 막강해 당해내기 어렵습니다.

철군하라!

헐…

흥! 자기가 가장 먼저 도망가는군.

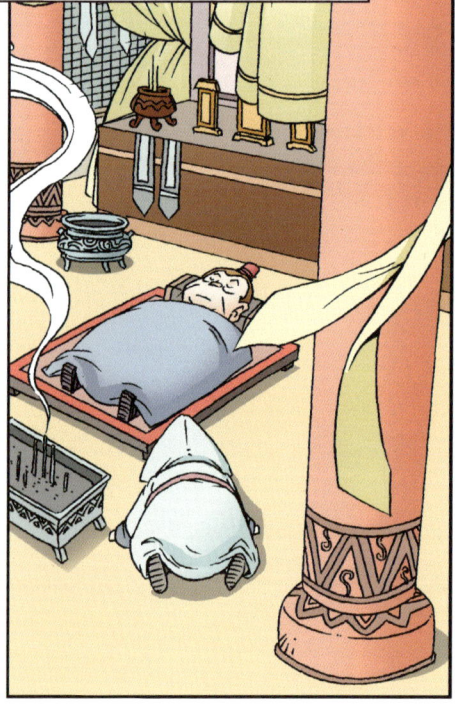

오기는 몇 년간 초나라 정무를 주관했다. 안으로는 귀족 세력을 억누르고 사람이 살지 않는 너른 땅을 개척했으며, 밖으로는 제후국을 연파하여 단숨에 황하 근처까지 진출했다. 이때 초도왕이 급사하고 말았다.

이제 오기를 보호해 줄 사람은 없다!

오기를 죽여라!

오기, 오늘이 네 제삿날이다!

대왕의 시신이 식지도 않았는데 반란을 도모하느냐?

반란이라니! 소인배를 없애려는 것뿐이다!

누가 감히 대왕을 쏘겠느냐!

대왕이
죽었으니
겁날 게 없다!

쏴라!

으악!

이런,
대왕의 시신에
화살을 쏘다니.
윽!

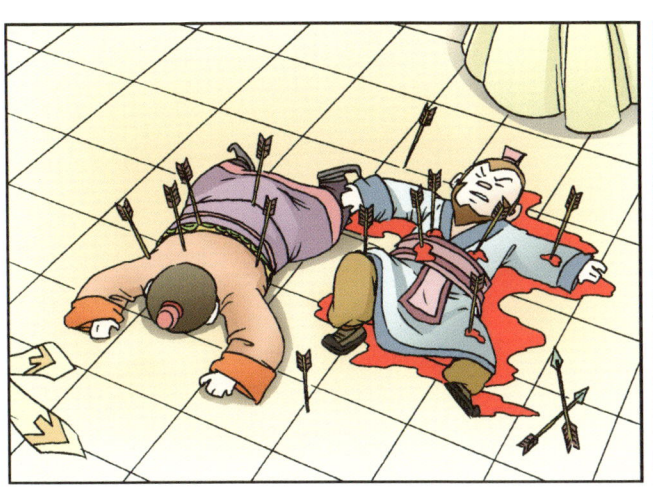

와아 -

뭐하는
짓들이냐?

태자!

감히 선왕의
시신을 훼손하다니.
삼족을 멸하겠다!

잡아라!

용서해
주십시오.

오기는 생전에 초 도왕을 의지했고, 죽어
서도 그의 시체를 방패삼아 귀족에게 복수
했다. 오기는 위나라와 초나라를 잇달아
강대국으로 만들어 개혁가와 명장으로서
후대에 이름을 남겼다. 후대 사람들은 그
와 손무를 묶어 '손오'라고 칭송하고 있다.

진나라를 개혁한 상앙의 변법

공숙좌가 재상으로 있는 동안 위나라의 국력은 점점 약화되었다. 임종 전에 그는 위 혜왕惠王에게 자신의 후임자로 위앙을 추천했다. 위앙이 바로 변법으로 유명한 상앙이다.

제가 죽으면 위앙을 재상으로 삼으십시오. 그는 기재가 뛰어나 반드시 위나라를 부흥시킬 것입니다.

공숙좌가 노망이 들었나? 그렇게 보잘것없는 인물을 추천하다니.

대왕……

더 할 말이 남았소?

위앙을 등용하지 않으려면 적국에서 데려가지 못하게 죽여 버리십시오!

그런 건 너무 신경 쓰지 말고 푹 쉬시오.

위앙, 대왕께 자네를 추천했네.

감사합니다!

한데 대왕이 내 말을 듣지 않을 것 같아 그럴 바엔 자넬 죽이라 했네.

헉, 내 목숨을?!

나랑 같이 묻히고 싶지 않다면 얼른 위나라를 떠나게.

염려 마십시오. 저를 기용하라는 부탁을 듣지 않는다면 죽이라는 말도 들을 리 없습니다.

공숙좌가 죽고 위 혜왕이 다른 사람을 재상으로 앉히자 일말의 기대를 걸었던 위앙은 크게 실망했다.

재상의 추천도 안 먹히니 위나라에서는 전망이 전혀 없어.

진왕의 측근인 경감이 나와 친분이 있고, 진나라는 다른 나라 사람을 중용하니까 그리로 가 보자!

좋아, 가는 거야!

진나라 도성

위앙 선생은 어떤 가르침을 주시겠소?

삼황오제로 말씀드리면 ......

꾸벅 꾸벅

쿨쿨......

힉!

진왕은 제왕술에 관심이 없군.

Zzz

어? 위앙은 어디 갔지?

조금 전에 돌아갔습니다.

내가 다 부끄럽다.

경감, 왜 이리 고지식한 사람을 소개한 거야?

에이~

제가 사람을 잘못 보지 않았으니 한 번만 더 기회를 주십시오.

좋다.

어제는 과인이 좀 피곤해서 미안하게 됐소. 계속 얘기해 보시오.

위앙, 잘하게!

알겠습니다.

왕도와 인의로 말하자면……

하……

왕도에도 관심이 없군.

오늘은 이만 하고 돌아가겠습니다.

재, 뭐니?

저벅

저벅

대왕, 마지막으로 기회를 주십시오.

시끄럽다!

위앙이 정작 할 말은 꺼내지 않았다는 느낌을 받았습니다.

내가 인재를 아낀다는 모습을 보여야 하니까 마지막 기회를 주겠네.

위앙, 대체 무슨 꿍꿍이야?

어허, 꿍꿍이라뇨. 그 무슨 망발을 ...

쓸모없는 얘기만
늘어놓으니
대왕이 싫어
하잖아.

나도 다 생각이
있으니 걱정
마시오.

정말로?
이번이 마지막
기회라고.

감사
합니다.

이렇게 해서 위앙은 세 번째로
진왕을 찾아갔다.

오늘은 부국
강병의 패도*를
말씀드리겠
습니다.

패도라고?

제 환공과
진 문공 얘기
라면……

* 패도覇道
　어진 정치가 아니라 무력이나 권모술수로 나라를 다스리는 일.

내가 진정한 기재를 몰라봤소. 과인을 도와 진나라 정치를 개혁해 주시오.

하지만 진나라는 귀족 세력이 막강해서 개혁이 쉽지 않습니다.

과인은 선생을 좌서장에 봉하겠소. 좌서장을 반대하는 것은 곧 나를 반대하는 것이오!

진왕의 지지를 얻긴 했지만 난 일개 외국인에 불과해서 백성들이 호락호락 따르지 않을 거란 말이야.

그래!

위앙은 남문에 나무 기둥을 세워 놓고 이를 옮기는 자에게 상금 10냥을 내리겠다고 말했다. 그래도 백성들이 꿈쩍하지 않자……

이 기둥을 북문으로 옮기는 자에게 상금 50냥을 내리겠다.

신임 좌서장은 대체 무슨 꿍꿍이지?

이런 일에 상금을?

설마……

제가 한번 해 보겠습니다!

정말 도전하는 사람이 있어!

두고 봐. 북문에 가면 목이 달아날걸.

107

이제 상금을 주십시오.

쿵!

상금을 내려라.

좌서장 대인이 정말 약속을 지키셨어.

저도요!

기둥 또 없나요? 저도 옮길래요.

저도!

백성의 신임을 얻었으니 이제 개혁에 나서도 되겠어.

108

위앙은 진나라의 부국강병과 패업을 위해 대대적인 개혁에 나서고 변법을 추진했다.

변법 첫째, 정전제*를 폐지하고 토지는 경작하는 자가 소유한다!

변법 둘째, 신상필벌을 명확히 해 공적이 없는 자는 작위를 받을 수 없다!

신법은 얼어 죽을?

귀족의 작위는 세습된다. 공적은 필요 없다!

변법 셋째, ……

* 정전제井田制
고대 중국의 토지 제도. 사방 1리里의 농지를 '井'자 모양으로 9등분한 다음, 그 중앙의 한 구역을 공전公田이라고 하고, 둘레의 여덟 구역을 사전私田이라고 하여 여덟 농가에게 맡기고 여덟 집에서 공동으로 공전을 부치어 그 수확을 나라에 바치게 하였다.

좌서장 대인, 태자가 백성의 토지를 강탈했습니다.

이는 태자의 스승이 잘못 가르친 탓이다. 그를 잡아들여라!

고오얏 위앙 놈이 내 코를 베었어.

내 얼굴에다 문신을 새겼어. 내가 즉위하면 가만두지 않을 테다!

위앙은 봉지가 상 땅에 있어서 상앙이라고도 불렸으며 그의 변법을 통해 진나라는 막강한 국력을 갖추게 되었다. 그러나 그는 태자가 즉위한 후 거열형*을 당하는 비참한 최후를 맞았다.

* 거열형車裂刑
사람의 두 팔과 다리 및 머리를 각각 매단 수레를 달리게 하여 신체를 찢는 잔인한 형벌.

앉은뱅이 손빈이 방연에게 복수하다

손빈과 방연은 귀곡자* 문하에서 함께 공부하며 우애가 매우 깊었다. 하지만 방연은 자신의 재주가 손빈에 미치지 못함을 알고 질투심이 생겼고, 귀곡자도 손빈의 삿된 마음을 알게 되었다.

방연아, 너는 이제 그만 하산하여 공명을 이루도록 해라.

사형, 축하합니다.

사제는 놔두고 왜 저만 하산 하죠?

내가 늙어서 돌봐 줄 사람이 필요하다. 손빈이 더 젊으니 내 곁에 좀 더 있거라.

왜 손빈만 곁에……

네, 스승님.

---

* 귀곡자鬼谷子
  전국시대 종횡가의 사상가. 제자들에게 권모술수의 외교술을 가르쳤다.

터덜 터덜

스승님이 사제
에게만 비법을
전수해 주려는
게 분명해.

서운

질투

방연은 위 혜왕이 인재
를 찾는다는 얘길 듣고
위나라를 찾아갔다.

귀곡자의
제자를 얻게 된
것은 위나라의
큰 복이오.

훗, 사람 볼 줄
아는 군!

대왕을 위해
제 모든 걸
바치겠습니다.

크하하!

위나라 상장군에 임명된 방연은 병권을 장악하고 혁혁한 전공을 세워 강대국 제나라조차 상대가 되지 못했다.

방 장군, 또 큰 공을 세웠구려.

만세~!

이런 훌륭한 장수가 있으니 과인은 더 이상 걱정이 없소.

제 사제인 손빈도 능력이 매우 뛰어납니다.

방금 뭐라 했소?

쫑긋

아차, 말이 헛나왔어.

113

위 혜왕은 인재라는 말에 방연을 시켜 손빈을 불러오게 했다.

사형, 절 잊지 않고 불러 주셔서 고맙습니다.

하하, 무슨 그런 말을. 우린 의형제 아닌가.

처음에는 내켜 하지 않으셨지만 끝내 설득했어요.

사부님께선 반대하지 않으셨어?

손빈의 뛰어난 재능을 위왕이 모르게 해야 돼.

아무것도 아냐. 우리 힘을 합쳐 큰 업적을 이룩하도록 하자.

무슨 생각 하세요?

어? 손빈은?

위왕이 불러 궁에 갔습니다.

어제 가지 않았나? 오늘 왜 또 간 거지?

위왕이 장군님 사제를 맘에 들어 하십니다.

쳇!

벌써 장군의 지위까지 위협하고 있어요. 이대로 두실 건가요?

무슨 좋은 방법 없을까?

그를 불구로 만드십시오.

응?

방연은 자기의 자리를 빼앗길까 염려돼 손빈이 제 나라와 사통했다고 허위 고발했다.

으악!

내가 무슨 잘못을 했다고 이러느냐?

방 대인에게 물어 봐라. 난 시키는 대로 할 뿐이다.

쯧쯧, 젊은 나이에 앉은 뱅이라니.

사부님의 권유를 듣지 않았다가 방연 놈의 간악한 꾐에 빠지고 말았어.

손 선생!

당신은 누구요?

저는 제왕이 보낸 사람입니다. 선생이 억울한 일을 당했다기에 구하러 왔습니다.

정말 고맙소.

간수를 매수해 두었으니 경비가 소홀한 틈을 타 빨리 달아나야 합니다.

뭐… 손빈이 달아났다고? 이런 머저리들!

하지만 이미 불구자가 됐으니 신경 쓸 것 없어.

제나라

조나라 사신이 찾아 왔습니다.

위나라가 한단을 겹겹으로 포위해 상황이 다급하니 제왕께서 구원병을 보내 주십시오.

위나라 대장은 누구요?

명장 방연 입니다.

우리 나라에 방연과 인연이 깊은 사람이 있지.

으흠~

손빈, 그대가 대장이 돼 조나라로 가면 어떻겠소?

저는 방연에게 반드시 갚아야 할 빚이 있습니다.

하지만 불구의 몸이라 대장을 맡긴 어렵습니다.

그럼 저를 보내 주십시오. 손 선생은 군사로 삼겠습니다.

118

조나라 한단

장군님, 제나라 군대가 대량을 급습하여 당장 회군하라는 명입니다.

곧 한단을 무너뜨릴 텐데 회군하라니. 그럼 내 공로는 어떡하고?

이건 제나라의 음모가 분명해!

제나라의 대장은 누구냐?

전기 입니다.

그런데 실제 지휘관은 손빈 이라는 앉은뱅이 라고 합니다.

뭐…뭐라?! 누구라고?

120

위나라 본토에서 싸우게 되면 우리가 크게 불리할 텐데.

방연의 회군 속도가 상당히 빠르군요.

위나라 군대는 먼 길을 달려오느라 피곤해져서 우리에게 승산이 있습니다.

제가 미리 지형을 익혀 두었습니다. 계릉에 매복해 있다가 방연을 맞이하시죠.

군사가 대비 하고 있을 줄 알고 있었소!

역시!

계릉

헉! 헉!

밤새 행군하느라 군사들이 많이 지쳤습니다. 행군 속도를 좀 늦추면 어떨까요?

뭐?

손빈은 용병이 뛰어나다. 늦으면 대량을 지켜 낼 수 없다.

슈슈슝

앗! 매복이다!

슈웅

팍!

슝

피로에 지친 위나라 군대는 싸움이 시작되자마자 사방으로 흩어져 군사 대부분이 몰살당했다. 이후 마릉 전투에서 손빈은 다시 방연을 대파했다. 궁지에 몰린 방연은 달아날 길이 없자 목을 찔러 자살했다.

122

전국 下

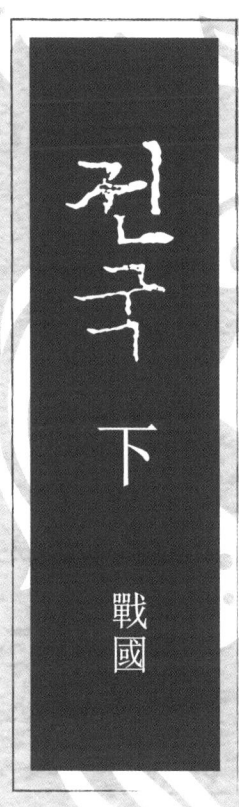

전구 下

戰國

장의張儀
소진의 친구로
전국시대 위나라
귀족의 후예이자
유명한 종횡가이다.

소진蘇秦
전국시대 한나라
사람으로 장의와 함께
종횡가*로 유명했다.

* **종횡가**縱橫家
전국시대 책략으로써 국제 외
교적으로 활약한 자를 이름.

장주莊周
장자莊子라고도 부르며,
전국시대의 위대한
사상가이자 철학가,
문학가이다.
'무위無爲'를 주장하여
도가 학설을 창시했다.

초楚 **회왕**懷王
사리사욕에 눈이 멀어
진나라 장의의 계책에
여러 차례 넘어갔다.
결국 국력이 크게
약화되고 자신은
다른 나라에서 죽었다.

맹상군孟嘗君
전국시대 4대 공자 중 하나로
제나라 종실 출신이다.
널리 빈객을 맞아들여
식객 수가 3천 명이 넘었고
막강한 권력을 자랑했다.

조趙 **무령왕**武靈王
재위 기간에 '호복기사
胡服騎射'정책을 채택하여
조나라를 강대국으로
만들었다.

연燕 **소왕**昭王
전국시대 연나라의
39대 군주로 널리
인재를 받아들였다.

진秦 **소왕**昭王
진나라를 크게 발전시켜
훗날 진나라가 천하를
통일하는 기반을 다졌다.

악의樂毅
전국시대 후기의 걸출한
군사 전략가. 상장군에
임명되고 창국군에 봉해졌다.
연 소왕을 보좌해
연나라를 부흥시켰다.

염파廉頗
전국시대 조나라의 걸출한
군사 전략가. 백기白起,
왕전王翦, 이목李牧과 함께
전국시대 4대 명장으로
불린다.

전단田單
전국시대 후기 제나라 사람.
소꼬리에 불을 붙이는
전략으로 일거에 연나라 군대를
격파하고 제나라를 구했다.

인상여藺相如
전국시대의 저명한
정치가이자 외교관이다.
여러 차례 조나라를
구하는 공을 세웠다.

합종책을 성공시킨 소진

전국시대 중기에 소진은 열국을 주유하며 말재주로 관직을 얻으려 했다. 그러나 아무도 그를 받아들이지 않자 부끄러움을 무릅쓰고 고향으로 돌아왔다.

농사도 짓지 않고 장사도 하지 않으며

세 치 혀로 살 궁리를 하더니 꼴좋~습니다.

형수님, 전……

이만 돌아가서 쉴게요.

흥! 또 공짜 밥을 먹으려고요?

눈칫밥이겠죠…….

공명을 이루지도 못하면서 책은 읽어 뭐하겠어?

129

이 책은 전에 읽었지만 아직도 무슨 말인지 도통 모르겠단 말이야.

그래, 기서*가 틀림없어!

소진은 1년간 기서를 연구하여 마침내 사람의 마음을 읽는 법을 터득했다.

형수님, 이번에는 확실히 등용될 자신이 있어요.

제발 꼭 성공하세요. 뒤치다꺼리도 지쳤으니까.

* 기서奇書
내용이 기이한 책.

130

소진은 주 왕실과 진나라를 차례로 찾아갔지만 유세에 실패했다. 진 혜왕惠王이 특히 오만하게 굴자 분노한 소진은 연나라로 향했다.

똑같은 왕인데 진왕에게 고개를 숙이는 게 부끄럽지도 않습니까?

우리 연나라는 소국이라 어쩔 수가 없소.

두 나라 사이에 조나라가 가로막혀 있어서 진나라가 연나라를 공격하고 싶어도 힘이 미치지 못합니다.

또한 조나라와 연나라는 국경을 맞댄 이웃입니다.

그런데 대왕은 왜 조나라와 동맹을 맺지 않고 오히려 멀리 떨어진 진나라에 공물을 바치십니까?

선생의 말이 맞소. 우리 연나라를 도와주시오!

제가 조나라로 가서 연합에 성공하면 반드시 진나라를 이길 것입니다.

131

조나라

조나라도 강국인데 왜 진나라에게 약한 모습을 보이십니까?

선생의 의견을 말해 보시오.

진나라가 조나라를 침범하지 않는 것은 한 · 위 양국이 배후를 습격할까 걱정되기 때문입니다.

소국인 두 나라가 만약 진나라의 공격에 무너진다면 조나라도 위험해집니다.

그럼 과인이 구원병을 보내겠소!

서두르지 마십시오. 진나라에 대항하려면 제나라와 초나라를 끌어들여야 합니다.

선생의 뜻은 육국이 연합하자는 말이오?

맞습니다!

조왕은 말이 잘 통하네.

132

하지만 육국 사이에 갈등이 첨예하여 협력하기 어려울 텐데요.

그 일은 제게 맡기십시오.

다만 연이어 한·위나라 등에 가야 하는데……

걱정 마십시오. 여비는 과인이 다 대겠습니다.

그렇지! 눈치도 빠르셔라. 크크

한나라

연왕과 조왕의 뜻을 전하기 위해 이렇게 한왕을 찾아왔습니다.

어서 말해 보시오.

한나라는 날카로운 무기가 생산되고 용감한 병사도 많은데 왜 진나라의 공격에 당하고만 있나요?

133

부끄러울 따름이오.

닭의 머리가 될지언정 왜 소의 꼬리가 되려 하십니까?

선생이 한나라를 도와주시오.

연과 조나라는 대왕을 돕길 원합니다. 한과 위나라는 순망치한의 관계이니 제가 위왕을 만나 보겠습니다.

과인이 어찌 원한 일이겠소?

소진은 말의 고삐도 풀지 않은 채 위나라로 달려갔다.

선생의 가르침에 감사하오. 위나라도 육국의 합종을 따르겠소.

134

제나라에 곧 도착합니다!

제와 초나라는 대국이라 설득하기 쉽지 않겠어.

저는 임치처럼 부유한 도시를 본 적이 없습니다.

헤, 그렇소?

7만 호에 남자가 셋이라고 가정하면 군사만 21만 명입니다.

이런 강대한 나라가 왜 진나라를 섬깁니까?

그, 그건 ......

진과 제나라 사이에 한과 위나라가 있으니, 이들과 동맹을 맺으면 제나라는 두려울 게 없습니다.

제 계획을 따르면 다시는 진나라에 고개를 숙이지 않아도 됩니다.

제왕을 설득한 소진은 마지막으로 초나라에 유세하러 떠났다.

초나라

이제 마지막 하나만 남았군.

아자 아자!

선생이 연·조·한·위·제나라를 설득했다고 들었소만, 과인에게는 절대 안 통하오.

훗

우리 초왕은 쉽지 않을 거다!

육국 합종이 초나라에 가장 이득이 된다는 사실을 모르시는군요.

무슨 소리요?

초나라는 땅이 사방 5천 리에 군사가 백만이라

진나라와 패권을 다툴 수 있는 유일한 강대국입니다.

136

이런 막강한 국력을 가지고도 진나라에 굴복하니 제가 다 부끄럽습니다.

이…이는 모두 무능한 대신들 탓이오.

신이 오국 군왕의 명을 받들어 초나라를 맹주로 삼고 함께 진나라에 대항하겠습니다!

과인은 선생에게 모든 일을 맡기겠소!

앗싸, 맹주!

소진은 마침내 육국을 설득하여 합종을 성립시켰다. 이에 그는 합종 맹약을 총괄하는 한편 육국의 재상 자리에 올랐다.

곧 조나라에 도착할 텐데 조왕도 큰 상을 내리겠죠?

뭐, 조나라라고? 어서 방향을 돌려라!

초왕이 통 크~~~게 많은 돈과 물자를 내리셨어요.

덕분에 난 넘 힘들어! 이힝~

네? 어디로 가시려고요?

집으로 가자.

저 분은 누군데 몸에서 광채가 나지?

육국 재상의 병권을 가진 소진이라던데.

소진? 밭도 맬 줄 모르던 그 소진 말이야?

목이 열 개야? 목소리 낮추라고!

소진이 출세했네!

모두 잘 지내셨죠?

아, 형수님!

소… 아니 대인 어른!

예전과는 다르게 지금은 너무 공손하시네요.

지금은 부귀한 몸이 됐으니 당연한 것 아닙니까?

부귀란 정말 좋은 것이구나!

하지만 가난도 꼭 나쁘지만은 않아. 내게 밭 몇 마지기만 있었어도 지금의 성공은 없었을 테니까.

형수님, 이 금을 친척들과 나눠 가지세요.

감사합니다, 대인!

전에 날 도와준 이에게 모두 보답하겠소!

이제 조나라로 가자!

소진의 주도 아래 제·초·연·조·한·위 육국이 연합하여 진나라에 대항했다. 이에 진나라는 15년간 함곡관 밖으로 나오지 못했다.

땅 6백 리를 6리로 속인 장의

장의와 소진은 일찍이 귀곡자에게 종횡술을 배웠다. 이후 소진이 조나라에서 정무를 주관하자 장의가 소진을 찾아 갔다.

소 대인께 장의가 만나러 왔다고 전해 주십시오.

대인께선 지금 손님을 만나는 중이니 잠시 기다리시죠.

예.

사형이 많이 바쁘구나. 그래도 내 자리는 있겠지?

시간이 한참 지났는데 사형은 왜 안 오시죠?

오늘따라 손님이 좀 많네요.

이거 장의 아냐?

사형, 오래 기다렸습니다.

배고프지? 먼저 밥부터 먹게나.

감사합니다.

덩그러니

높은 벼슬자리에 올랐으면서 달랑 밥 한 그릇과 채소 한 접시가 답니까?

서윤

섭섭

142

재주도 없으면서 굽실거리며 날 찾아온 주제에 참 까다롭게 구는구면.

일부러 날 모욕할 작정이었군!

네가 조나라를 돕고 있으니 난 원수인 진나라로 가겠다. 나중에 두고 보자!

잠깐 멈추시오!

누구요? 날 아쇼?

저는 소진의 문객입니다.

소진의 안하무인인 태도를 보고 선생을 돕기로 했습니다.

좋소.

여비도 없었는데 마침 잘됐구나.

장의가 진나라에 도착하자
소진을 잃고 후회하던 진 혜
왕은 장의를 중용해 객경*에
봉했다.

선생이 진왕에게
중용됐으니 전
이만 떠나겠습니다.

그게 무슨
말이오?

우린 고난을
함께한 사인데
보답할 기회는
줘야죠.

그럼 소 대인에게
감사하세요. 일부러
선생의 오기를 자극하고
저에게 선생을
보호하라는 임무를
맡겼으니까요.

아, 내가
사형을
오해했구나!

사형에게 전해 주시오.
사형이 살아 있는 한
조나라를 절대 공격하지
않겠다고.

알겠습니다.

* 객경客卿
다른 나라에서 와 높은 벼슬을 하는 사람을 가리킨다. 춘추전국시대에는 각국이 힘을 기르기 위해 외국의 유능한 인재를 데려와 재상
을 비롯한 대신의 자리에 앉히는 경우가 많았다.

장의는 자신의 재주가 소진에 미치지 못함을 알고 자숙하며 내정에 힘썼다. 그렇게 몇 년이 흐른 후……

대인, 소진이 제나라에서 죽었다고 합니다.

뭐? 사형이 죽었다고?

사형의 마지막을 보지 못하다니! 이제 나 장의가 사형의 몫까지 최선을 다하리라!

현재 진나라에 필적하는 상대는 초나라가 유일하니 우리가 선공을 가해야 합니다.

내정에 힘쓰라더니 갑자기 웬 선공?

하지만 초, 제 양국이 동맹 관계라……

제가 초나라로 가서 두 나라를 단교 시키겠습니다.

장의가 초나라에 당도하자 초 회왕 이 그를 환대했다.

무슨 용건으로 날 찾아왔소?

대왕이 제나라와 단교하면 진나라가 땅 6백 리를 선물하고 영원한 우방으로 남겠습니다.

땅 6백 리라고? 진나라는 정말 통도 크군. 선생의 말대로 합시다.

대왕, 절대 안 됩니다!

진진,
왜 그러는가?

진나라는
제 · 초의 동맹을
두려워하고
있습니다.

만약 제나라와
단교하면 초나라는
또 하나의 강적을
만드는 꼴이 됩니다.

아무 대가 없이
땅 6백 리를 얻는데
그깟 제나라가
무슨 대수라고!

그럼 먼저 땅을
받고 제나라와
단교하십시오.

걱정도 팔자다.
장 선생은 과인을
속일 분이 아니다.

그럼 저는 이만
진나라로 돌아가
땅을 준비
하겠습니다.

좋소!

초 회왕이 제나라와 단교했지만 장의는 부상을 핑계로 조정에 나가지 않았다.

뭐? 장의가 다쳤다고?

석 달 동안 감감무소식이라니. 나에게 준다는 땅은 어떻게 되는 거야?

내 땅 6백 리!

이 상황을 정녕 모르겠니?

일이 이 지경에 이르렀는데 아직도 장의를 믿으십니까?

굴원, 당신까지 과인이 잘못했다고 생각하시오?

제나라와 확실히 단교하지 않아서 일지도 몰라!

여봐라, 제왕에게 욕을 한 바가지 퍼붓고 오너라!

절대 불가합니다!

148

장의가 고작 땅 6리를 보냈다고 합니다.

6백 리가 아니고?

장의가 대왕을 속였군요!

내 이놈을 반드시 죽이고 말겠다! 즉각 출격 준비하라!

지금 제나라와 사이가 틀어졌는데 진나라까지 건드려서는 안 됩니다.

진 대부의 말이 백번 옳습니다.

지금 불난 것 안 보여? 과인이 도저히 못 참겠다면?

하오나 지금 형국이…

초 회왕은 모욕을 참지 못하고 대장 굴개에게 진나라를 공격하게 했으나 대패했다. 결국 장의가 약속한 땅 6백 리는커녕 오히려 요지를 잃고 말았다.

초나라가 땅과 장의를 교환하자고 합니다.

장의는 큰 공을 세웠는데 땅 좀 얻자고 내 어찌 충신을 잃겠는가?

초왕이 그대를 죽이지 못해 안달이 나 있을 텐데 사지로 간단 말이오?

제가 한 번 초나라에 다녀오겠습니다.

초나라가 주겠다는 땅도 잃지 않을 것입니다.

아무 일 없이 돌아올 테니 걱정 마십시오.

그럼 조심해서 다녀오시오.

이왕이면 땅도 챙겨서 오시오.

초나라

감히 여기가
어디라고? 네놈을
삶아 죽이겠다!

대왕의 화가
풀린다면 제 목숨쯤은
아깝지 않습니다.

휘파람
불지 마!

언제까지
주둥이를 놀리나
보자. 여봐라!

잠깐만요.

네가
여긴 어쩐
일이냐?

신첩, 대왕께
작별 인사를
드리려고요.

그게 무슨
말이냐?

진왕에게 중용된
장 선생을 죽이면
진나라가 보복하러
쳐들어올 텐데

그러면 신첩의
목숨을 보전하기
어려울 것
아닙니까!

151

들고 보니 그렇구나… 휴, 장의를 풀어 줘라.

흑흑

절대 그를 놓아 주어선 안 됩니다!

ㅎㅎ, 애첩을 미리 매수해 놓아서 당신들 말은 씨도 안 먹힌다고.

진나라는 땅을 다시 돌려주고 양국이 영원한 동맹을 맺길 희망합니다.

장 선생은 정말 좋은 사람이구려.

장의는 초나라를 두 차례 찾아가 제·초의 동맹을 깨뜨리고 강적 초나라에 심각한 손실을 입혔다. 이때부터 승부의 추는 진나라로 기울기 시작했다.

아, 이게 뭐야…

152

무령왕의
호복기사 개혁

이럇!

전국시대 중기에 중원 각국은 북방 이민족과의 싸움에서 패배를 거듭했다. 당시 강국이었던 조나라 무령왕은 이런 상황을 타파하기로 결심했다.

여보쇼, 북쪽은 오랑캐가 점령했으니 가지 마시오.

백성들이 이리저리 떠돌다니. 국경을 지키는 장수들은 대체 뭐하는 거야?

목소리 낮추십시오. 그러다 신분이 들통 납니다.

장수들을 탓하기도 어렵습니다. 우리가 힘이 약해서……

오랑캐는 말을 타고 싸워서 전차를 타고 싸우는 우리 군사가 절대 따라잡지 못합니다.

비의야, 조나라 땅이 정말 아름답구나!

아무렴요.

그런데 과인은 자기 나라와 백성도 지키지 못하고 있다.

대, 대왕……

너무 자책하지 마세요.

우리도 강한 기병 부대가 있으면 적을 물리칠 수 있습니다.

맞아, 바로 그거야!

154

하지만 우리 복장은 소매가 길고 두루마리가 넓어서……

그럼 복식을 개량하면 된다!

반대가 심할 텐데 마음의 준비를 단단히 하십시오.

어떤 반대도 절대 두렵지 않다!

전국에 호복기사*의 명을 내려라!

대왕, 잠깐만요!

대왕의 삼촌인 공자 성이 가장 완고한 사람이니 그가 호복을 입으면 모두 수긍하지 않을까요?

그래, 맞아.

무령왕은 당장 공자 성에게 호복을 입으라고 명했다. 그런데……

공자 성이 호복을 입자마자 병이 났다고?

말이 돼?!

---

* **호복기사**胡服騎射
오랑캐의 옷을 입고 말을 타면서 활을 쏜다는 뜻이다. 무령왕은 북방 유목민족과 싸워 이기려면 그들처럼 간편한 복장을 입고, 말을 타고 활을 쏠 수 있는 기마 전술을 채택해야 한다고 여겼다.

공자 성이 보낸 서신입니다.

가져 와라.

이건……

결국 합의를 봤구먼.

과인의 명령을 무시하고 호복을 입지 않겠다고?

예, 그렇습니다.

그으래?

그래서 아무도 호복을 입지 않고

조정에 나온 것이오?

……

호들갑 떨지 마라.

대왕, 저는 입었습니다.

흠흠… 그래, 보았다.

조상의 복식을 버리면 하늘이 벌을 내릴 것입니다.

벌은 내가 내리고 싶다! 에효.

진나라는 상앙의 변법을 통해 강국으로 발전했는데, 조나라는 왜 이리도 어려울꼬?

진나라는 천자의 수레를 끌던 미천한 자가 세운 나라입니다.

킥킥!

그런 나라에게 괴롭힘을 당하는 조나라는 뭔가?

그건……

부끄럽지도 않나?!

공자 성의 말은 듣고 과인의 말은 무시하느냐?

신들이 어찌 감히.

과인이 병문안을 가 봐야겠다.

대왕! 대왕!

삼촌, 병은 좀 어떤가요?

대왕이 직접 병문안을 다 오시고.

참 이상합니다. 삼촌이 호복을 입자마자 병이 나셨습니다.

대왕은 지금 비의에게 속고 있습니다.

호복기사는 과인의 뜻입니다.

예의를 아는 나라에서 호복을 입으면 어찌 체통이 서겠습니까?

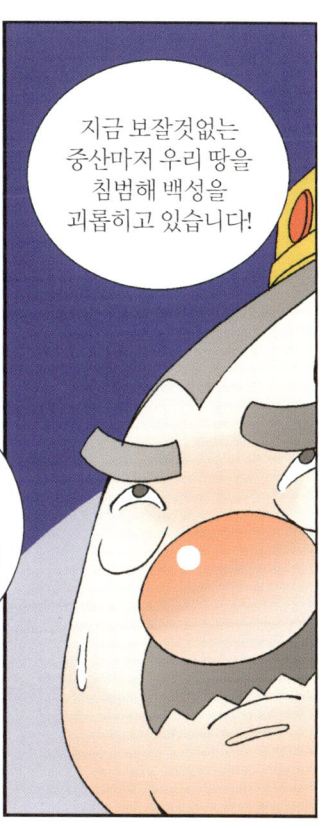

지금 보잘것없는 중산마저 우리 땅을 침범해 백성을 괴롭히고 있습니다!

조나라는 동쪽에 제·연, 남쪽에 한·위, 서쪽에 진, 북쪽에 누번·임호·중산이 있습니다. 사방이 강적으로 둘러싸여 개혁하지 않으면 나라가 망합니다!

조나라가 망한 다음 삼촌이 아무리 화려한 옷을 입었다고 누가 알아보겠습니까?

대왕이 이토록 큰 뜻을 품은 줄 몰랐습니다.

당장 호복을 입겠습니다.

삼촌의 도움으로 개혁은 분명 성공할 것입니다.

저항이 만만치 않을 테니 잘 대처하십시오.

공자 성도 호복을 입었는데 그대들은 왜 입지 않느냐?

옛 제도를 바꿀 수는 없습니다!

그럼 묻겠소. 주 문왕과 무왕은 명군이오?

당연하지요.

그들이 주왕을 멸하고 잘못된 옛 제도를 바꾼 것은 개혁이 아니오?

그것과 이건 다릅니다.

간편한 호복으로 바꾸라는 것은 부국강병을 위한 일인데 왜~~ 못 알아듣느냐!

대왕......

됐다. 과인의 명을 듣지 않으려면 사직하고 집으로 돌아가라!

대왕, 부디 용서를......

집으로 가도 여전히 조나라 사람이니 호복을 입어야 한다.

엥?

무령왕은 대신들의 반대를 무릅쓰고 끝까지 호복령을 밀어붙였다.

이얍!

마침내 전국에 호복령이 시행되었습니다.

좋아, 좋아~♬♪

호복을 입은 군사라 더 씩씩하구나!

감격!

병사들이 말을 타고 활을 쏘는 법을 익히게 되면서 조나라는 강력한 기병대를 갖추게 되었다.

163

무령왕의 호복기사 개혁을 통해 조나라는 강국으로 발전했다. 무령왕은 중산, 누번, 임호 등을 잇달아 격파하고 영토를 크게 확장했다.

장주가 나비 꿈을 꾸다

장주는 전국시대 도가의 대표적 인물이다. 청정무위의 자연주의를 신봉하여 후대에 노자와 함께 '노장'으로 불리고 있다.

날이 왜 갑자기 어두워졌지?

악!

맙소사!

빠르기도 하지. 금세 날아가 버렸네.

저건 대붕*이 틀림없어!

전설 속에 북해에 '곤'이라는 큰 물고기가 있었는데 물을 나와 대붕으로 변했도다.

이렇게 중요한 신물 설명이 『산해경』**에 없다니. 정말 실망이야.

* 대붕大鵬
　북극 바다의 곤이란 큰 물고기가 변하여 된 새로, 상상의 큰 새.
** 산해경山海經
　고대 중국의 가장 오래된 지리책. 작자 미상의 저서로 고대 신화, 지리, 동물, 식물, 광물, 종교, 의약, 민속 등의 분야로 이루어졌으며,
　고대 중국인의 상상력을 엿볼 수 있는 책이다.

순식간에 지나간 게 꼭 꿈을 꿈 것 같아.

꿈이라……

스르륵~

안녕, 난 장주야. 우리 화원에 놀러 온 걸 환영해.

하하, 모두들 안녕!

장주! 장주!

어서 일어나!

작별 인사를 하려고 왔는데, 잠자고 있는 자네 모습이 너무 초라해 보이더군.

꿈이로군.

혜시*, 어쩐 일이야?

그건 내가 꿈에서 나비로 변했기 때문이지.

아~함!

참 희한한 꿈도 잘 꾼다.

다들 꾸는 꿈인데 뭐가 그렇게 신난 거야?

* 혜시惠施
전국 시대 송나라 사람. 위나라에서 재상을 지냈고 궤변에 능했다.

168

자넬 찾아온 건, 나 위나라에 가기로 했어.

뭐 하러 가는데?

위왕이 재상으로 삼는대. 마침내 내 이상을 실현할 날이 온 거야.

그럼 이제 우린 이렇게 헤어지는 거야?

자유롭게 노니는 물고기는 얼마나 즐거울까!

물고기도 아니면서 물고기가 즐거운지 어떻게 알아?

170

자네는
내가 아니면서
물고기의 즐거움을
모르는지 어떻게
알아?

내가 자네가 아닌
것처럼 자네도 물고기가
아니니 물고기의
즐거움을 모르는 게
확실하지.

방금 내가
물고기의 즐거움을
어떻게 아느냐고
물었지?

그래.

바로 이 다리에서
알았네.

어라?!
이 다리?

이 사기꾼
같으니!

하핫!

171

위나라 도성

172

책을 많이 쓰셨잖아요. 어찌나 유명한지 위왕도 감탄했다고요.

멋져부러!

참, 지금은 얼른 달아나세요. 재상이 선생에게 현상금을 걸고 찾고 있으니까요.

혜시가요?

그럴 리가 없는데.

날?

위왕이 선생처럼 어진 사람에게 나라를 맡겨야 한다고 하니까

재상 자리를 뺏길까 봐 그러지 않았을까요?

흥!

선생, 가면 안 돼요!

무슨 영문인지 궁금했던 장주는 당장 혜시를 찾아갔다.

장주, 어쩐 일이야?

자네가 내게 현상금을 걸었다고 해서 자수하러 왔다.

그…그건 오해야……

남방의 신령한 새는 북쪽으로 날아가 오동나무에 머물며 과일과 샘물만 먹고 산다네.

그런데 쥐를 잡은 부엉이가 신령한 새가 날아가는 걸 보고 먹이를 빼앗길까 급히 쥐를 숨겼네.

장주는 줄곧 공명과 봉록을 경멸했어. 이는 날 비꼬는 말이군.

이만 가겠네!

장주!

친구란 눈앞에서 지나가는 구름과 연기 같은 것을.

날이 갑자기 어두워졌어!

대붕이다!

대붕을 두 번이나 보다니. 이건 하늘이 내린 계시야.

우와~

북쪽 바다에 있는 곤이라는 물고기는 크기가 몇 천 리인지 모른다.

새로 변하면 붕이라고 하는데 등이 몇 천 리인지 모른다.

장자가 지은 유명한 「소요유」는 그의 다른 글과 함께 『장자』에 실렸다. 장자는 평생 벼슬을 하지 않았지만 그의 사상과 문학은 천고에 길이 남았다.

맹상군,
작은 재주로
목숨을 건지다

제나라의 맹상군은 전국시대 4대
공자 중 한 명으로 빈객이 3천 명에
달했다. 빈객 중에는 뛰어난 인재도
있었지만 공짜 밥을 먹는 무능한 자
도 많았다.

이 풍환이
주공을 위해
충성을
다하겠습니다.

자넨
무슨 재주가
있는가?

별다른 재주는
없고, 문객을
좋아하신다기에
찾아왔습니다.

머쓱

일단 머물
도록 해라.

감사합니다.

식충이가 또 왔네요.

어허!

누구나 뛰어난 재주를 가진 건 아니니 머물게 해라.

며칠 전에 온 풍환이 생선 요리를 안 준다고 정원에서 난리를 칩니다.

생선 요리를 내주어라.

풍환이
마차가 없다고
불평합니다.

또
불만이야?!

탐욕이
심하니 그를
쫓아내십시오.

그를 쫓아내면
빈객을 우대한다는
내 명성에 흠이
갈 테니 마차를
내주어라.

풍환이 이번엔
집이 좁다고
불평입니다.

식충이
그놈을 제발
쫓아내세요!

하하! 오늘은
기분이 좋으니
좋~은 집을
내주어라.

179

오늘은 왜 이렇게 기분이 좋으세요?

진왕이 천금을 주며 나를 초빙했다.

정말 잘 됐습니다!

그럼 빈객을 얼마나 데려갈까요?

모~두 간다.

3천 명이나요?!

빈객 중엔 좀도둑도 있어서 진왕이 싫어할까 걱정됩니다.

빈객이 많아야 든든하고 진왕도 날 경시하지 않을 것이다.

맹상군은 3천 명이
나 되는 빈객을 대
동하고 진나라로
출발했다.

진왕을 처음
뵙습니다.

하하, 드디어
맹상군을
만났구려.

이 호백구*는
여우 털로 만든
것이니 흔쾌히
받아 주십시오.

와!

관동의 보물이
내 손에 들어올
줄이야.

그대를 재상에
봉하겠소. 진나라를
위해 충성을 다해
주시오.

감사합니다.

* 호백구狐白裘
여우 겨드랑이의 흰 털가죽 여러 장을 이어 만든 짐승 가죽 옷.

제나라에서 온 맹상군이 재상에 오르자 진나라 대신들이 그를 질투하여 진왕에게 참소했다.

긴히 드릴 말씀이 있습니다.

뭔가?

맹상군이 사사건건 제나라를 옹호하는 게, 제나라 첩자가 분명합니다.

첩자? 증거가 있느냐?

증거는 없지만 그가 제나라를 두둔한다면 우리에게 불리합니다.

어떡하면 좋겠느냐?

그를 가둬 두고 증거를 찾은 후 없애 버리십시오.

사람을 가둬 놓고 무슨 죄명인지 설명 한 마디도 없구나.

에휴~

이럴 줄 알았다면 진나라로 오는 게 아니었습니다.

지금 그런 말을 해봐야 무슨 소용이냐?

그럼 어찌죠?

진왕의 애첩에게 사람을 보내 도움을 요청해 놓았다.

주공!

돌아왔느냐!

그녀가 호백구를 주면 진왕에게 사정 얘기를 해 보겠답니다.

하나밖에 없는 호백구를 진왕에게 선물했으니 어떡한담?

소인이 주공의 큰 은혜를 입었으니 선물을 하나 드리겠습니다.

무슨?

밤이 되면 아실 겁니다.

기대하시랏!

주공, 일어나세요.

무슨 일인가?

호백구를 가져 왔습니다.

오, 그걸 어떻게 얻은 게냐?

부끄럽지만 소인은 전에 도둑이었습니다.

수고했네.

맹상군은 훔친 호백구를 진왕의 애첩에게 선물하고 초조하게 대답을 기다렸다.

조마

조마

선물을 보냈더니 진왕이 우릴 풀어준답니다.

잘 됐구나!

지체해선 안 되니 얼른 가시죠.

그래.

185

진왕은 우릴 풀어주고 분명 후회할 테니 빨리 국경을 건너자.

이 관문을 지나면 조나라 땅입니다.

아직 날이 밝지 않아서 문을 열어 줄 리 만무합니다.

진나라의 법령에 닭이 울면 문을 열어 주게 돼 있다.

제게 방법이 있습니다.

풍환, 무슨 방법이냐?

혜헤,
잘 보십시오.

꼬끼오!
꼬끼오!

닭 밥의?

꼬끼오~

꼬꼬꼬

꼬끼오~

와, 정말 대단한
재주입니다.

수고 많았네.

문 열어라!
문 열어라!

187

날도 안 밝았는데 누가 떠들어?

닭이 울었는데 귀가 먹었느냐?

문을 열어라.

우다다

우다다

내가 현자만 받아들이려 했다면 지금처럼 계명구도*의 하찮은 재주를 가진 이들 덕에 목숨을 건지지 못했을 거야.

진나라를 떠난 맹상군은 이후 제·위나라에서 재상을 역임하였다.

* 계명구도鷄鳴狗盜
닭 울음소리를 잘 내는 사람과 좀도둑이라는 뜻으로 천한 재주를 가진 사람도 요긴하게 쓸모가 있음을 비유한 말이다.

연 소왕이 널리 인재를 구하다

연나라에 내란이 일어나자 제나라가 군대를 파견, 내정에 간섭하여 수년 만에 내란을 잠재웠다. 제나라 군대가 철수한 후 연나라는 공자 직이 소왕에 올랐다.

가증스런 제나라에 반드시 복수하겠다!

연 소 왕

연나라는 소국이라 제나라에 맞서기 어렵습니다.

연나라에 부족한 것은 바로 인재다. 인재만 충분하면 두려울 것이 없다.

곽외는 식견이 넓으니 인재를 찾으려면 그에게 물어 보십시오.

당장 그를 찾아가자.

대왕이 오신 줄 몰라 마중을 나가지 못했습니다.

이렇게 누추한 집에서 사는지 몰랐소.

곽외

선왕께서 전쟁에 바빠 저 같은 노신은 안중에도 없으셨습니다.

이제는 그런 일 없을 것이오. 그대는 인맥이 넓으니 훌륭한 인재를 좀 추천해 주시오.

준비된 인재는 없습니다만 대왕께 얘기 하나를 들려 드리겠습니다.

말해 보시오.

옛날에 천리마를 좋아한 국왕이 시종에게 황금 천 냥을 주고 말을 사오게 했습니다.

190

시종이 아무리 찾아도 천리마를 살 수 없자 하는 수 없이 죽은 말을 사서 돌아왔습니다.

국왕이 원한 건 살아 있는 천리마인데 죽은 말을 어디에 쓴단 말이오?

한번 생각해 보십시오. 죽은 말에도 기꺼이 돈을 쓴다면 사람들이 살아 있는 말을 바치러 달려오지 않겠습니까?

1년도 안 돼 국왕은 천리마 여러 필을 얻었습니다.

그대의 말뜻을 알아들었소이다.

과인의 스승이 되어 주시오!

하하……

내 뜻을 제대로 이해했구나.

여봐라! 스승님께 별장을 지어 드려라!

당신들 어디로 가는 거요?

연왕이 거금을 내서 인재를 모집한다기에 그리로 가오.

어느 나라든 인재가 필요한데 꼭 연나라로 가는 이유가 뭐요?

그것도 모르쇼. 곽외 같은 늙은이도 중용됐는데 진정한 인재는 더 말할 필요 있겠소!

연 소왕이 인재 모집에 나선 후 조나라의 악의, 제나라의 추연, 위나라의 극신이 잇달아 찾아와 연나라는 점차 국력이 부강해졌다.

몇 년 후

제나라가 초 · 한 · 위 · 송 · 중산을 연달아 격파하고 세력을 급속히 확장 중입니다.

192

제왕이 전쟁을 일삼아 백성의 원성이 자자하니 마침내 복수할 기회가 왔다!

제나라는 천하무적이니 잠시만 참으십시오.

악의의 생각은 어떻소?

저는 대왕의 생각에 찬성합니다.

제나라는 겉으로만 강해 보일 뿐 실상 안은 약합니다.

당장 그대를 대장으로 삼아 제나라를 토벌하리다!

서두르지 마십시오. 제나라를 이기려면 다른 제후국과 연합해야 합니다.

성격도 급하시긴!!

193

연 소왕은 각 제후국에 사람을 보내 오국 연합군을 결성하고 악의를 대장으로 삼아 제나라 공격을 명했다.

장군, 제왕이 직접 군사를 거느리고 제수에 포진했습니다.

알겠다. 오국 장수들에게 본영에서 대책을 논의하자고 일러라.

조나라 염파 장군은 좌측을 공격하고, 진나라 백기 장군은 우측을 공격하시오.

초군은 적 후방을 포위하고 한 · 위 양군은 대기하시오.

예!

중군은 우리 연나라 몫이다.

악 장군, 진나라에게 주기로 한 땅은 잊지 마시오.

백기 장군, 약속은 반드시 지키겠습니다.

이어서 진나라 군을 이끌고……

진나라 군이 이번에 너무 고생해서 다음 전투부터는 참가하지 않겠소.

할 만큼 했다고.

초군도 휴식을 취해야겠으니 약속한 땅을 주시오.

위나라 땅도 부탁합니다.

한나라 군도 물러가겠소.

대공이 코앞에 와 있는데 다들 왜 이러십니까?

이제 거의 다 왔는데 땅만 먹고 빠지겠다고?

왕명을 따르는 몸이라 어쩔 수 없소이다.

맞소!

어떤 경우에라도 조나라는 끝까지 참전하겠소.

날 잊은 게요?

그럼 염파 장군께 폐를 좀 끼치겠습니다.

문제없소.

연나라 군영

네 나라 군대가 떠났는데 계속 공격할 생각이십니까?

물론이다. 제나라에게 숨 돌릴 틈을 줘선 안 된다!

출발하자!

제왕이 도망가서 임치에는 소수 군사만 남았습니다.

공격 준비를 하라!

197

병력이 얼마 없었던 임치성은 악의의 상대가 되지 않았다.

여기가 임치성이구나!

다른 성에 보낸 군대도 모두 승리했다 합니다.

제나라는 이제 요성·거성·즉묵만 남았습니다.

제나라 백성이 우릴 환영하지 않으니 각별히 신경 쓰도록 하라.

경계

의심

주의

함부로 백성을 죽이고 약탈하는 자는 군법으로 다스린다고 전하라.

예!

198

제나라의 완강한 저항으로 악의의 정벌전이 지지부진하자 악의와 사이가 좋지 않았던 태자가 소왕을 찾아갔다.

태자는 무슨 일로 날 찾아왔나?

제가 악의에 관해 들은 이야기가 있습니다.

악의가 바로 제나라를 멸하지 않고 여기저기서 인심을 사서 모반을 꾸민다고 합니다.

악의, 네놈은 이제 끝이다.

우리가 복수할 수 있었던 건 다 악의 덕택이다. 그의 공로가 너무 커서 제왕에 임명해도 마땅하다!

뻥~

다시 한 번 악의를 험담했다간 태자 자리에서 폐할 줄 알아라!

다시는 그러지 않겠습니다.

씨알도 안 먹히는구나.

199

연 소왕은 군대 격려 차 직접 제수까지 나 와 상을 내리고 잔치 를 베풀어 주었다.

와, 대왕이 직접 군사를 위로하러 오셨다!

다들 고생이 많다!

지난번에 장군을 제왕에 임명 하겠다는 일은 생각해 보았소?

그 얘기는 다시 꺼내지 마십시오. 저는 대왕을 위해 제나라를 항복시키 려는 마음뿐입니다.

연나라가 그대 덕분에 창성했으니 그대를 창국군에 봉하리다!

연 소왕이 겸허하게 인재를 받아들 인 이야기는 수천 년간 미담으로 전 해져 내려오고 있다. 연나라는 그의 통치하에 전에 없이 부강해졌다.

소꼬리에 불을 붙여 연나라를 대파하다

악의가 연합군을 이끌고 제나라를 공격한 지 5년여 만에 제나라는 즉묵과 거성만 남았다. 이때 마침 연 소왕이 죽고 연왕이 새로이 등극하였는데 그는 악의를 신임하지 않았다. 이에 즉묵을 지키던 전단에게 나라를 일으킬 희망이 생겼다.

아무, 무너진 성벽을 수리하도록 해라.

예, 대인.

여러 번 말했듯 난 평민에 불과하다.

강적을 앞에 두고 사람들이 임시로 장수에 추천한 것이니 그냥 전단이라고 불러라.

예, 전단…… 대인.

하하, 몇 번을 말해야 고치겠느냐.

대인, 보세요!

악의가 또 시찰을 나왔구나. 조금도 경계를 늦추지 마라.

악의는 정말 골치 아픈 상대다.

몇 개월간 포위만 하고 공격하지 않는 게 우릴 말려 죽일 작정인가 봅니다.

끈질긴 놈!

악의가 만약 모든 제나라의 민심을 얻는다면 즉묵도 버티기 어렵다.

적이지만 정말 존경스러워요.

그가 있는 한 제나라 부흥은 불가능하다.

그럼 그를 쫓아내면 어떨까요?

쫓아낸다고……

연나라 군영

형님!

악승, 무슨 일이냐?

형님이 민심을 얻어 제왕에 오르려고 즉묵을 공격하지 않는다는 소문이 도성에 쫙 퍼졌습니다.

소문을 퍼뜨린 몇 놈을 잡아 보니 모두 제나라 말투를 쓰는 게 제나라의 이간질이 분명합니다.

내가 전단을 과소 평가했어.

이제 연나라는 어떻게 되는 것인가?

차라리 지금 즉묵을 공격해 점령하면 소문도 수그러들 겁니다.

이미 늦었다.

나는 연왕을 안다. 소문이 이 정도 퍼졌으면 나를 용납하지 않을 것이다.

203

악의를 의심하던 연왕은 첩자들의 모함을 듣게 되자 기겁을 제나라에 보내고 악의를 불러들였다.

연왕의 명이다. 악의의 군권은 기겁이 모두 접수하라!

악 장군이 큰 공을 세워 대왕이 도성에서 축하 준비를 하고 있소.

전단은 결코 만만한 상대가 아니니 얕잡아 봐서는 안 되오.

내 잘 알아서 할 테니 염려 마시오.

대인, 악의가 쫓겨나고 기겁이 왔습니다!

옳거니!

기겁이 왔으니 제나라도 희망이 생겼다.

204

기겁이
악의의 군제를
모두 폐기했다.
느슨해진 연나라
군대의 진용을
봐라!

당장 군대를
이끌고
쳐들어가시죠.

기다려라.
더 완벽한 방법을
생각해 보자.

연나라 군영

어떤 노인네가
즉묵을 무너뜨릴
방법을 알려 준다고
합니다.

어서
데려와라.

205

장군께 인사 올립니다.

즉묵은 머지않아 함락될 게 뻔해 소인이 먼저 투항하러 왔습니다.

흥! 그래, 무슨 의견이오?

전에 악의가 포로들을 후대하여 제나라 사람은 연나라를 두려워하지 않습니다.

만약 장군께서 포로의 코를 벤다면 제나라 사람은 두려워 투항할 것입니다.

오, 그것 참 좋은 방법이구려!

엉엉……

206

가증스런 놈들, 포로를 이렇게까지 잔인하게 대하다니!

똑똑히 봐라. 연나라 군사가 우리 동포의 코를 모두 베었다!

포로가 되느니 차라리 싸우다 죽겠다!

흠⋯⋯

하하, 제나라 사람들이 별별 떨고 있어!

조금만 더 고삐를 당기면 그들은 투항할 것입니다.

무슨 좋은 생각이 있소?

그래, 그래!

제나라의 조상 무덤이 성 밖 산에 있으니 무덤을 파헤치면 그들은 투지를 잃게 됩니다.

조상의 무덤을 파헤치면 천벌을 받습니다.

독하지 않으면 대장부가 아니다. 그들에게 내 무서움을 알리겠다!

뒷산에서 불이 난다!

맙소사, 거긴 우리 조상 무덤이잖아!

저놈들이 조상 무덤까지 훼손했어!

쳐 죽일 놈들!

군심이 움직였다. 기겁아, 조금만 더 기다려라.

당신의 계책은 정말 훌륭했소. 전단이 두려워 항복 편지를 보내왔구려.

지긋 지긋

지루한 싸움이 드디어 끝났으니 오늘 밤은 군사들과 맘껏 축하하자!

모든 게 대인이 예상하신 대로입니다. 연나라 군사들은 경계를 풀고 축하 잔치를 벌이고 있습니다.

209

어르신이
기겁 곁에서
정말 고생이
많았습니다.

제나라를
위해서라면 어떤
고난도 두렵지
않습니다.

어르신께
보여줄 게
있습니다.

헉,
괴물이!

그건 괴물이
아니라 연나라
군사를 놀래키려고
수소에 화장을
한 것뿐입니다.

소꼬리에 기름을
바르고 불을 붙이면
놀란 소들이 연나라
진영을 이리저리
날뛰면서……

아하!
정말 기가 막힌
계책입니다.

연나라 진영에서 잔치가 한창 벌어질 무렵……

무슨 소리지?

지진인가?

우르르

괴물이다!!

돌 진

화르륵!

죽여라!

당황하지
말고 자리를
지켜라!

너나
지켜라!

화,
화살이!

엄마야!

윽!

대장이 죽었다.
달아나자.

줄행랑~

전단은 즉묵에서 연나라 군대를 격파한 지 반년도 안 돼 제나라 전 영토를 되찾았다. 그는 태자를 맞이해 왕위를 잇고, 자신도 혁혁한 공로를 인정받아 안평군에 봉해졌다.

화씨벽을 온전히 보존한 인상여

전국시대에 조 혜문왕惠文王은 귀중한 보물인 화씨벽*을 얻었다. 진 소왕이 이 사실을 알고 화씨벽을 성 15채와 교환하자고 제의했다.

염파 장군, 진왕에게 어떻게 회답하면 좋겠소?

진나라가 우리 보물에 혈안이 돼 있는데 그냥 무시하십시오.

*화씨벽和氏璧
화씨의 구슬(옥)로 중국 고대 천하의 보물이다.

그렇게 감정적으로 처리할 일이 아닙니다.

화씨벽을 성 15채와 맞바꾸면 우리도 손해가 아니니까요.

조승, 진나라가 정말 성을 줄 것이라고 생각하나?

순진하긴!!

과인도 그 점이 가장 우려돼서……

주춤

신에게 인상여라는 문객이 있는데 세상 이치에 밝으니 자문을 구해 보십시오.

그를 불러 오시오.

해답을 주는 이가 이리도 없다니. 에효…

인상여,
좋은 생각이
있으시오?

진나라의 힘이
막강해 그들의
요구를 거절하기
어렵습니다.

하지만 진나라가
화씨벽만 받고
성을 안 주면
어떡하오?

화씨벽을 주지
않으면 조나라가
명분을 잃고,

화씨벽만 받고
성을 안 주면
진나라가 명분을
잃습니다.

그렇다면 차라리
진나라가 명분을
잃게 하는 게 더
낫습니다.

으음
……

그럼
이 임무를
완수할 적임자가
있소?

적임자가 없다면
제가 화씨벽을
가지고 진나라로
가겠습니다.

만약 진왕이
교환 의사가 없다면
온전하게 가지고
돌아오겠습니다.

진나라

진왕이 편전에서
보자고 하는 건
교환 의사가
없다는 뜻이야.

두둥-

216

이야~!

정말 멋진 옥이다!

화씨벽을 빨리 보여 주시오.

와, 이런 보물은 처음 보는구려.

그대들도 구경하시오.

예술이군!

정말 훌륭한 옥입니다!

빛깔 좀 봐!

후궁들도 나와서
함께 감상하도록
해라.

저희에게
무슨 보물을
보여주시려고요?

이게 바로
전설 속의
화씨벽이란
말이지?

난리

나도 좀 보자!

법석

시간을 질질
끄는 걸 보니 성과
바꿀 의사가 전혀
없는 거야.

이 화씨벽에는
사실 흠이 조금
있습니다.

뭐?

어디?
과인은 전혀
모르겠는데?

빤~히

이 흠은 육안으로
보이지 않으니 제가
찾아 드리지요.

어서 과인에게
보여 주시게.

조나라 대신들이
진왕은 탐욕스러워 절대
화씨벽을 성과 교환할
마음이 없다고
말했습니다.

꼬옥

하지만 저는
대국의 임금이 신용을
지키지 않겠느냐고
반박했습니다.

선생의 말이
전부 맞소!

그런데 대왕은
저를 편전에서
접견하고 후궁과
신하가 함부로 옥을
만지게 했습니다.

이는 화씨벽을
교환할 의사가 없는
것 아닙니까?

여봐라, 당장 인상여를 잡아라!

대왕이 무력으로 화씨벽을 빼앗는다면 저는 화씨벽과 함께 기둥을 들이받겠습니다!

선생, 제발 흥분하지 마시오!

당장 지도를 가져 와라!

사람이 왜 저리 극단적이야.

이곳이 바로 화씨벽을 받고 내주기로 한 땅이오.

조왕이 화씨벽을 보낼 때 닷새간 목욕재계했으니 진왕도 똑같이 하시오.

무엄하구나!

화씨벽은 천자의 보물이니 목욕재계하심이 마땅합니다.

알았으니 선생에게 쉴 곳을 안내해라.

진왕은 성과 화씨벽을 교환할 의사가 없다. 너는 화씨벽을 가지고 지름길로 조나라로 돌아가라.

진왕이 알면 선생을 가만두지 않을 텐데요?

내 죽음보다 조왕과의 약속이 더 중요하다.

몸조심 하십시오.

과인이 약속대로 닷새간 목욕재계했으니 화씨벽을 내주시오.

화씨벽은 이미 조나라로 돌려보냈습니다.

인상여, 네 놈이 감히 ······

신이 죽을죄를 지은 걸 잘 알고 있습니다. 죽기 전에 몇 마디만 드리겠습니다.

말해라!

222

대왕은 고작 편지 한 통으로도 조나라가 화씨벽을 바치게 할 힘이 있습니다.

만약 대왕이 먼저 성 15채를 주었다면 조나라가 화씨벽이 아깝다고 감히 진나라의 미움 살 짓을 저질렀겠습니까?

얘기는 끝났느냐?

옙! 이제 죽이서도 좋습니다.

여러분은 과인이 인상여를 죽여야 한다고 생각하시오?

임금을 속인 죄는 죽어 마땅합니다.

음……

인상여를 죽여도 화씨벽을 얻지 못하고, 조나라와의 관계만 악화되니 한 번 더 생각하십시오.

그 말이 맞다. 과인에게도 인상여 같은 충신이 있었으면 좋겠다.

설마 인상여를 살려 줄 생각이 십니까?

조왕은 참 운이 좋구나. 인상여 같은 충신이 있으니.

가거라. 오늘 목숨을 살려 준 일은 꼭 기억해라.

대왕의 은혜를 잊지 않겠습니다.

하지만 양국이 충돌한다면 신은 언제나 조나라를 따를 것입니다.

하하, 그날이 오게 되면 과인이

오늘 얼마나 자비로웠는지 알게 될 것이다.

인상여는 화씨벽을 온전히 보전하여 조나라로 돌아왔다. 혜문왕은 그의 공로를 크게 치하하고 상대부에 임명했다.

224

인상여, 진왕의 목에 칼을 겨누다

이후 진나라와 조나라는 여러 차례 전투를 벌였고, 조나라가 항상 열세에 처했다. 진 소왕은 이를 기회로 조 혜문왕을 면지로 불러 회담을 갖자고 제안했다.

이번 회담에 진왕의 간계가 있을 듯한데 인상여의 생각은 어떻소?

대왕께서 가시지 않으면 진나라는 우릴 겁쟁이로 여겨 요구가 더 많아질 것입니다.

하지만…

이 염파가 대왕을 지켜 드릴 테니 걱정 마십시오.

오! 염파 장군!

두 분이 그리 말하니 가기로 합시다.

225

제가 이곳에 주둔해 있다가 낌새가 이상하면 바로 출동하겠습니다.

혹시라도 만일의 사태가 발생하면 진나라가 이를 틈타 난리를 일으키지 않도록 태자를 군주로 세우겠습니다.

만일이라니? 목숨이 위험할 수도 있는 거요?

주…죽을 수도?

염파 장군은 만일을 예방하자는 말입니다.

신이 대왕을 수행하며 꼭 보호하겠습니다.

알았소.

226

혜문왕이 면지에 도착하자 진 소왕은 연회를 베풀어 환대했다.

그간 안녕하셨소?

진왕도 안녕하십니까?

얼마 전 우리가 귀국의 석성을 함락해 미안하오.

아…아닙니다.

그럼 돌려 주던가!

하지만 오늘은 우호를 맺기 위한 자리니 같이 흠뻑 취해 봅시다.

양국 사이에 전쟁이 없었으면 좋겠습니다.

건배!

건배!

조왕이 과인을 위해 거문고를 한 번 타 주시겠소?

네?

진왕의 노여움을 사지 않으려면 어쩔 수가 없구나.

듣기 좋소!

기록해라. 모년 모월 모일에 진왕이 조왕에게 거문고를 타라고 명했다.

와~아~

228

진왕이 해도 너무하는군.

아, 창피해.

진왕께서도 음악을 좋아한다고 들었으니 부*를 연주해 주십시오.

과인에게 부를 치라니, 대담하구나!

어따 대고!

진나라는 백만대군의 천하무적입니다.

흥! 알면 됐네.

하지만 이 높은 누대 위 좁은 땅에서는 아무 소용이 없습니다.

*부缶
진흙으로 만든 타악기의 일종.

인상여,
간이 배 밖으로
나왔구나!

닥쳐라!

네······

대왕,
안 치시겠
습니까?

흥!

둥 둥

둥

둥

모년 모월 모일에
진왕이 조왕을 위해
부를 쳤다.

와~아

230

히히,
속좀 쓰릴
것이다.

조나라는
성 15채를 바쳐
진왕의 생신을
축하하시오!

그럼 진나라는
함양성을 바쳐
조왕의 생신을
축하하시오!

옳소. 함양성을
바치시오!

조왕의
생신을
축하하시오!

조왕을
억류할 수
있겠느냐?

염파가 30리 밖에 주둔하고 있어 싸움이 나면 우리가 우위를 점한다고 장담하기 어렵습니다.

이번 회담은 여기서 마칩시다.

살펴 가십시오.

히히······

웃음소리 다 들린다.

조왕은 귀국 후 인상여의 용기와 지혜를 칭찬하며 보다 높은 자리인 상경에 임명하자 염파가 불만을 품었다.

저 놈이 내 위라고? 젠장!

나는 목숨을 걸고
싸웠고 인상여는
세 치 혀를 놀렸을
뿐인데, 어찌 나보다
지위가 높단 말이냐!

인상여가 요즘
대인이 두려워 병을
핑계로 조정에 나오지
않는다고 합니다.

흥!
만나기만 해 봐라.
꼭 혼꾸멍을
내주고 말 테다.

염 장군이 대인을
혼내 준다고
여기저기 떠들고
다닙니다.

하하,
그러하더냐?

여유만만

233

염 장군은 성격이 불같아 피하는 게 상책이다.

덜컹
덜컹

앞에 염 장군의 마차 같은데요.

염 장군이 먼저 지나가게 옆으로 비켜라.

흥!

여기서 뭣들 하는 건가?

대인께서 염 장군에게 길을 비켜 줬다는 얘길 들었습니다.

똑같은 나라의 중신인데 이토록 그를 두려워하니 저희가 다 부끄럽습니다.

저희는 모욕을 참을 수 없어 대인을 떠나려 합니다.

잠시 내 말을 들어 보게.

진왕과 염 장군 중 누가 더 대단한가?

당연히 진왕이죠.

진왕과 진나라 신하까지 꾸짖은 내가 정말로

진정?

염 장군을 두려워한다고 생각하느냐?

진나라가 우리를 넘보지 못하는 건 바로 나와 염 장군 때문인데

만약 우리가 싸우면 어찌 되겠느냐?

이 말이 한 입 두 입 건너 염파의 귀에까지 들어갔다.

아! 내가 어리석었구나!

뭐? 인상여가 정말 그렇게 말했어?

잘못을 깨달은 염파는 웃옷을 벗고 가시나무를 등에 지고서 인상여를 찾아가 사죄했다.

염 장군, 여기서 뭐하십니까?

등에 저건 뭐야?

상경에게 용서를 빌러 왔소이다.

당치 않으십니다. 어서 일어나세요.

다음 권에 계속됩니다…